教育の質保証

地方大学が変わる

松 岡 達 郎
Tatsuro Matsuoka

教育の質保証：地方大学が変わる

目　次

はじめに　　　　　　　　　　　　　　　　　　　　　　　　1

第1章　大学をめぐる状況
1. 大学改革の波：　責任ある大学に向けた規範とは何か　　　3
2. 背景と論点　　　　　　　　　　　　　　　　　　　　　5
   2.1 人口減少期の大学　　　　　　　　　　　　　　　　5
   2.2 地方大学の役割　　　　　　　　　　　　　　　　　6
   2.3 グローバル化と大学　　　　　　　　　　　　　　　8
   2.4 ユニバーサルアクセス性と多様性　　　　　　　　　9
   2.5 変化の速さと不確実性　　　　　　　　　　　　　10
   2.6 ミッションの再定義：　強みと特色　　　　　　　12
   2.7 大学のクロスロード化　　　　　　　　　　　　　13
3. 大学教育の質の改善に向けた機会　　　　　　　　　　14

第2章　大学教育の質保証のためのツール
1. ISO 9001：　品質マネジメントの国際規格　　　　　　16
   1.1 PDCAサイクル：　組織の意思の重要性　　　　　18
   1.2 ISO 9001規格の構成　　　　　　　　　　　　　　20
   1.3 大学教育の質保証へのISO 9001の利用と用語　　26
   1.4 品質マネジメントの原則　　　　　　　　　　　　36
   1.5 品質マニュアル　　　　　　　　　　　　　　　　37
   1.6 ISO 9000とISO 9004　　　　　　　　　　　　　　38
2. PDM法とPCM法：　体系的計画形成のためのツール　　38
   2.1 PDM法　　　　　　　　　　　　　　　　　　　39
   2.2 PCM法　　　　　　　　　　　　　　　　　　　41

i

3. DAC の評価　5項目　　　　　　　　　　　　　　44

第3章　大学教育の質保証システム
　1. 日本の大学における教育の質保証制度　　　　　　47
　2. 教育の質のマネジメントシステム (Education Quality　49
　　　Management System: EQMS)
　　2.1 EQMS モデル構築の出発点　　　　　　　　　　49
　　2.2 EQMS モデルの考え方　　　　　　　　　　　　50

第4章　ISO9001 からみた大学教育の質保証システム
　1. 目的、適用対象及び用語　　　　　　　　　　　　54
　　1.1 教育の質保証システムの目的　　　　　　　　　54
　　1.2 適用対象と適用条項　　　　　　　　　　　　　56
　　1.3 教育の質保証システムの用語　　　　　　　　　56
　2. 大学のガバナンス　　　　　　　　　　　　　　　58
　　2.1 組織の意志と学長等の責務及びコミットメント　58
　　2.2 学生との約束の重視　　　　　　　　　　　　　62
　　2.3 大学教育をめぐる状況の分析　　　　　　　　　64
　　2.4 教育上の目的とそれが備えるべき事項　　　　　67
　　2.5 教育に供する大学の資源　　　　　　　　　　　68
　　2.6 教職員の責任と権限及びコミュニケーション　　74
　　2.7 情報の公表　　　　　　　　　　　　　　　　　76
　3. 教育プログラムの計画：　PLAN　　　　　　　　 77
　　3.1 学位授与の方針：　品質目標　　　　　　　　　81
　　3.2 教育課程編成の方針　　　　　　　　　　　　　83
　　3.3 カリキュラムの編成　　　　　　　　　　　　　86
　　3.4 カリキュラム編成結果の要件　　　　　　　　　91
　4. 教育プログラムの実施：　DO　　　　　　　　　 94
　　4.1 学生への説明と履修指導　　　　　　　　　　　95
　　4.2 個々の授業科目の教育　　　　　　　　　　　　97

```
  4.2.1 授業科目の計画（シラバス）： Sub-P        97
  4.2.2 授業科目の実施： Sub-D                   100
  4.2.3 授業のモニタリング： Sub-C               102
  4.2.4 授業科目の改善： Sub-A                   104
  4.2.5 授業科目実施のトレーサビリティ           107
 4.3 外部組織と連携した教育の質保証              109
 4.4 履修及び成績の管理                          113
5. 学務の点検・評価： CHECK                      113
 5.1 教育プログラムの自己点検                    114
 5.2 学生満足と学修成果のモニタリング            116
 5.3 モニタリング資料の分析： IR                118
 5.4 内部監査か教職員全員による討論か            120
 5.5 学長等による質保証制度の点検                121
6. 改善： ACT                                    124
 6.1 教育プログラムに関する不適合と改善          124
 6.2 教育の質保証システムの不具合の改善          127
 6.3 学長等によるレビューと継続的改善            128
```

第 5 章　大学教育の質保証のさらなる深化

```
1. 教育の質保証システム（EQMS）のレビュー（考察）  131
 1.1 ISO 9001 と大学教育の相性                   131
 1.2 適用しなかった ISO 9001 箇条                138
 1.3 ISO 9001 からみた大学教育という「ビジネス」 139
2. 中教審答申が示す大学教育の質保証              141
 2.1 近年の中教審答申の経過                      142
 2.2 大学教育の質保証に関する考え方の変遷        149
3. 認証評価が示す大学教育の質保証                150
4. 大学の質保証： ISO 9004                       154
5. 責任ある大学に向けて                          157
 5.1 再び大学をめぐる状況について                157
```

	5.2 教育の質保証システムの機能性向上に向けた課題	164
6.	内部質保証のポリシー	172
7.	大学教育の質保証のための規範	174

あとがき　176

引用・参考文献　179

付録：大学教育の質保証のための規範（私案）　183

図表目次

図1	組織の意思を出発点とするPDCAモデル	20
図2	ISO 9001の視点から見た大学教育プログラム提供の流れ	28
図3	PCM Workshopのスナップ	41
図4	PCM (Negative Analysis) の構成	42
図5	日本の大学教育の質保証のためのポリシー等の枠組み	49
図6	大学教育の質保証システムのプロセスと内容	80
図7	外部組織と連携した教育（アウトソーシング）の質保証の程度	111
表1	ISO 9001: 2015規格の構成と内容	22
表2	カリキュラム編成に利用するPDMの構造	40
表3	DACの評価5項目に従った教育の質保証制度及び教育プログラムの評価のための観点	46
表4	授業科目の実施で想定される不適合の例	104
表5	学務のモニタリング事項の例	115
表6	満足度調査のモニタリング対象と得られる情報	117
表7	教育・学修の成果及び教育の質保証の成果の指標事項	118
表8	認証評価（日本高等教育評価機構）とISO 9001の観点の比較	152

はじめに

　日本の大学は、急速に変化しつつある社会の中で、個々の地理的、社会的、歴史的背景の下で、自らの意思でその存在意義を明確にし、質の高い教育を提供することで社会の信頼を得ることを求められている。これを果たすために、有効なマネジメントシステムを持たなければならない。近年大学で行われている点検・評価は、このような個性化に必ずしもうまく貢献しておらず、個々の大学の潜在力を有効に引き出しているとは言えない。大学に限らずすべての組織にとって、点検とそれに基づく改善は不可欠であるが、その過程と手法が適切でなければ業務の負担増に繋がるばかりで、大学の場合、かえって本来の教育研究機能に支障を来たしてしまう。

　このような状況に適した、有効で信頼性が高くかつ過重ではない教育の質のマネジメントシステムを提唱したい。ISO 9001[1]は、品質マネジメントのために求められる組織の振舞い方についての規準であり、この種の規格で現在国際的にもっとも広く受け入れられているものである。この規格を物差しとして大学教育の質のマネジメントを見直し、大学の教育機能をもっとも合理的に担保できる手法を追求するのが、本書の目指すところである。

　筆者は、大学教育のあり方に大きく切り込んだ、平成20年の中央教育審議会（以下「中教審」という。）による「学士課程教育の構築に向けて[2]」答申は時代を画するものであったと考えている。答申の要点は、社会の信頼に応える教育、教育の質の保証、教育への組織的な取組みといったキーワードで代表され、一言で言えば「責任ある大学のための規範」ともいうべきものを求めるものであったと考えている。その規範とはどういう内容を含むのか、大学がどのように行動すればいいのか、社会から信頼される大学像とはどのようなものかを、ISO 9001 をもとに、分析してみたい。

　本書の第1章から第3章は、現在の日本の大学をめぐる状況と筆者の問題意識、ISO9001 その他の品質保証に使えるツール及び日本の大学の教育質保証の制度的枠組みを説明しており、本書全体の導入部である。本書のメインテーマは、第4章に記した、ISO 9001 規格の視点からみた大学教育の質の

マネジメントに関する考察である。本書の約1/3を占める最大の章である。第5章では、過去の中教審答申、認証評価及びISO9004などと比較しながら、教育の質保証について考察する。これを承けてさらに、大学をめぐる現在の状況を再度整理し、そこから教育の質保証システムの今後の課題を検討することで、最後に、内部質保証（大学の質保証）のポリシーと大学教育の質保証のための規範を私案として提案している。本書の話題の中心が大学教育のマネジメントであることから、管理の強化を意図していると思われるかもしれないが、そうした意図はまったくない。

地方の中小規模の大学は、その社会的な役割が比較的定義しやすい、教員と学生あるいは教職員間の距離が近くコミュニケーションが密であるなど、小回りが利きやすく、改革の先鞭をつける潜在力を秘めている。逆説的な言い方になるが、制度面での整備の蓄積が少ない中でそれらの改善を進めて、「学士課程」答申が模索したような強みへと繋げられれば、地方大学こそ、大学教育の質保証に向けた先進的な取組みの舞台になれると思っている。

筆者は、教育学者でも評価を専門とする研究者でもないが、これまで一貫して大学教育の質の保証と向上に取り組んできた一大学人として、日本の大学教育の質保証に向けた課題を多くの人々と一緒に考えたい、責任ある大学のための規範とはどういうものか議論していきたいというのが、本書の意図するところである。

第1章　大学をめぐる状況

　大学教育の質保証に何が求められているかを考えるにあたって、まず、現在の大学をめぐる状況について俯瞰してみたい。ISO 9001 規格(以下「9001 規格」という。)には、その導入部分で、品質マネジメントに取り組む組織は自らをめぐる状況の把握が必要であると記している。ここではすでに、ISO 9001 の発想の世界に入っていると考えていただきたい。

1. 大学改革の波：責任ある大学に向けた規範とは何か

　ここ約 15 年のあいだ、大学にとって基盤となる状況の変化が大規模かつ急速に進行してきた。平成 13 年度に、「今後の高等教育改革の推進方策について[3]」が、文部科学大臣から中教審に諮問され、平成 16 年度に「我が国の高等教育の将来像[4]」が答申された。人口減少期の高等教育のあり方に取り組んだもので、いま考えると、品質保証という観点から、近年の大学教育改革の転換点であったと思う。

　大学教育の質をめぐる最近の施策や議論の多くは、この諮問・答申を出発点としているといえる。この答申の中で「高等教育の質保証」に触れているが、そこでは、「『高等教育の質』とは、教育課程の内容・水準、学生の質、教員の質、研究者の質、教育研究環境の整備状況、管理運営方式等の総体」とされ、本書が取り扱う 9001 規格の視点からみれば、「教育の質のマネジメント」といえるものであった。なお、「高等教育の質」を論じるとき、この「質保証」と「質マネジメント」の間の混乱は、いまだに続いている。同答申は、また、質保証のための個別大学の努力と国の責務をほぼ同じ比重で併記したもので、大学の責務を強調する最近の流れとはやや異なったニュアンスのものであった。

　平成 16 年度には、大学制度に関する明治以来の大改革と言われた国立大学の法人化が実施されるとともに、各大学が中期目標・計画の策定を求められるようになった。また、学校教育法の改正により、認証評価と現在呼ばれている大学の第三者評価の制度が開始された[5]。

平成20年度には、中教審から「学士課程教育の構築に向けて[2]」答申がなされ、有名な「学士力」という考えが示され、知識・技能の修得に加えて、態度、志向性及び総合的な学修経験と創造的思考力が重視されるようになるとともに、教育課程（カリキュラム）の体系化、単位制度の実質化、教育方法の改善、成績評価の基準の明示等が必要であると提言された。

　平成24年度に、文部科学省（以下「文科省」という。）から「大学改革実行プラン[6]」が示され、大学の機能の再構築、大学ガバナンスの充実と強化が求められるとともに、「大学の質保証」が改めて強調された。これは、品質マネジメントの立場からみると、製品の品質保証と組織の品質保証が並んで求められることになったことを意味する（実は、「大学教育の質の保証」という言葉は平成14年段階ですでに使われていたが、その後とはかなり違った意味で使われていた）。

　平成24年度にはさらに、中教審答申「新たな未来を築くための大学教育の質的転換に向けて[7]」が発表され、大学教育の質とその保証制度が改めて強調されるとともに、組織的かつ体系的な教育の実施、社会と大学の接続といった新しい大学像が示された。そのための方策として、教育課程の体系化、組織的な教育の実施、授業計画（シラバス）の充実などが必要とされた。また、学長のリーダーシップの下での教学マネジメントの確立と大学教育改革サイクル（PDCAサイクル）が求められた。これらは、本書の中心的な課題となっている。

　平成26年度には、中教審から「新しい時代にふさわしい高大接続の実現に向けた高等学校教育、大学教育、大学入学者選抜の一体的改革について[8]」が答申され、有名ないわゆる「高大接続改革」という考えが示された。高等教育における「学力の三要素」という考え方が、整理されたかたちで示された点では、学士力の考えをさらに進めたものであったといえる。

　平成30年度に、中教審から「2040年に向けた高等教育のグランドデザイン[9]」が答申され、現在に至っている。この答申の内容については、本書の中で、大学教育の質のマネジメントについて9001規格の視点から考察したあとで改めて論じたい。

　こうした流れの中で、論点や提案の一貫性は別にしても、課題の在り処は

変わっていないし、問題は解決されてもいない。課題は、高等教育の質の向上と保証である。一連の答申が提起する矢継ぎ早の改革政策を、外圧と言う人もいるが、筆者は、以下に述べるような時代の変化に対応し、社会の信頼に応えることができる大学教育を実現できるよう、大学自身が自らの教育の質を保証する規範といえるものを模索していかなければならない、そのことの指摘であったと考えている。

2. 背景と論点

まず、大学教育の質の向上が求められる背景をめぐって、考慮すべき論点について整理しておきたい。

2.1 人口減少期の大学

現在の大学教育のあり方と進むべき方向を考える際のベースとなるキーワードは、「人口減少期に必要とされる大学」であることは間違いない。進行しつつある少子・高齢化の下で、人口減少期の高等教育機関のあり方が高等教育の世界で正面から論じ始められたのは、既述のように、このことについて中教審に諮問がなされた平成13年度のことで、同16年度に示された大学のユニバーサルアクセス性や、同20年度に提唱されるようになった学士力はこの課題に答えようとしたものであったと筆者は考えている。

今後の人口（特に生産に関わる人口）の減少が確実である状況から、日本という国の社会の力を持続するために必要な要素は、教育の質、その教育を受けた人の数、イノベーション力と要約できる。この視点からみれば、近年、国や文科省が、高等教育の質の保証や、大学進学率の向上、社会人教育の拡大、イノベーションに繋がる研究を推進している理由と論理は容易に理解できる。

地方の中小規模の大学の社会的役割は、上記の四つの施策のうちのおもに大学教育の質の保証と、大学進学者の増加と社会人の再教育の受け皿になることにある。これらのための方法について、順次論じていきたい。

平成16年度「高等教育の将来像」答申は、高等教育の量的側面での需要

はほぼ充足されているとの立場をとっていたが、文科省は平成25年頃から、我が国の大学進学率が国際水準に比して低いと論じ始め（平成20年度「学士課程」答申ですでに記載はされていたが）、日本の大学の学生総数を維持する政策を採り始めたように思えたものである。これは、前節で記した「教育を受けた人数」の相対的な増加が必要とされるようになったと考えれば理解できる。

　学齢人口が減少に転ずることが確実な中でこの政策が採られれば、各年齢層の中の大学進学者の割合は増加するので、学生の学力の幅に大きな変化が起きる。そのため、大学教育には、入学してきた学生を4年間でどれだけ伸ばすかが問われることになる。

　一方、大都市圏の大規模大学への学生のシフトによって、地方の中小規模大学では学生の学力に大きな変化が生じることも予想される。また、個々の大学にとっては、志願倍率が低下すれば、学生の学力のバリエーションが大きくなるので、教育の焦点を定めることが困難になるといった問題の発生も予想できる。これらのことは、平成20年代あたりから現実となり始め、平成30年には大都市圏への学生の集中を抑制する政策が採られるようになった。この政策にはいまだに賛否両論があるが、これを契機に地方大学の教育の質の向上とその役割を真剣に考える時期に来ていることは間違いない。

2.2 地方大学の役割

　地方に立地する大学の役割を考える上で、重要なコンセプトとして「地域に立脚した大学」という考えがある。この意味を考えてみたい。

　日本が国際社会の中で豊かで安定した社会を持続していくためには、地球規模で生起するさまざまな事案に的確に対応できるよう、国内に多様な知的蓄積が必要である。知的蓄積は大学の任務である。日本の国が持つ多様性の中から、地域ごとの自然環境、資源、産業、文化などをきめ細かく抄い上げていく特色ある研究と教育を通して、国としての多様な知的蓄積の任の一翼を担うのは、特に地方大学の使命である。地方大学は地域社会の中でのニッチを明確にし、その課題に則した教育研究を行うべきであるとの基本的な認

識を持つことを提唱したい。日本という場の中での地方大学による知的分業と言ってもいいかもしれない。

　筆者の専門は水産学で、若い時に長いあいだ、南太平洋島しょ国の大学に勤務した経験と、帰国以降にもカリブ海諸国の沿岸漁業開発管理に関与した経験から、島しょ域における沿岸村落の漁業開発と資源利用法を研究してきた。そこから得られたモデルの多くは、南日本の島しょ域ばかりでなく、多くの島しょからなるフィリピンやインドネシアなど東南アジア諸国の場合にもほぼそのまま適用できる。つまり、日本の島しょ域に関する教育研究は、世界の島しょ域、島しょ国に対する我が国の態度決定のための基本的な情報と人材を提供することができる。これは一例であり、多くの自然環境、資源、産業、文化等に関する教育研究で同様のことが言えるはずである。

　「Centre of Community (COC)」すなわち地域の「地（知）の拠点」という概念が提唱され、地方創成の機運とともに、「地域の課題の解決に向けた研究」や「地域産業界への人材供給」が大学の役割として強調されるようになってからかなりの時間がたった。この役割は、地方の中小規模大学にとってもちろん重要であるが、もう少し幅広く捉えるべきである。上記のように、地域ごとの課題に関する教育研究は、特定の地域を越えた地球規模の汎用性を持つものであることを強調したい。

　地方大学には、地域社会の現在のニーズと未来への課題に焦点を置いた人材育成を図るというさらにもう一つの役割がある。職業を通して社会と関わり貢献したいという学生の志を育み、それを実現する豊かな教養と倫理観を涵養するとともに、専門分野の知識と技能を習得させる教育である。

　筆者は、これから地方大学が挑戦しなければならないものとして、スモールイノベーションを提案してきた。スモールイノベーション、「小さな革新」と訳せる。研究者としてずっと提唱し続けてきた。世界を変えるようなイノベーションは、われわれ地方大学の研究者にはなかなか手が届かないが、地域社会が抱える課題を一歩あるいは半歩解決するようなイノベーションは、我々にも可能である。

　イノベーションというと、理工系分野のものと考えられるきらいがあるが、それだけではない。社会の在り方や文化、身近なところでは、家族のあり方

や職場での働き方、新しいビジネスモデルなどを提示するのもイノベーションであると唱え続けている。教育と研究が、人々の幸福を追求するためにあるとの基本に立てば、技術の変化の中である意味で強いられる人びとの生活のあり方の変化について、さまざまな可能性を提示するのは特に文系大学が多い地方大学の使命である。学生が、そうした研究・教育を行う大学の中で4年間を過ごすことでこそ、真に地域志向を持った人材の育成が可能になると考えている。

2.3 グローバル化と大学

中教審や文科省が提唱しているとおり、国境の内外で進行しつつあるグローバル化に対応できる人材の輩出も、大きな課題の一つである。近年、グローバルな協調主義にはやや陰りが見られるが、人々の国境を越えた動きがさらに進行するのは確実である。

グローバル人材として大学卒業者に求められる資質については、各大学が、卒業生の就職先や地元産業界の意見等を分析しながら方針を確立していく必要がある。グローバル人材の育成には、学生が国際社会を日々実感できることが不可欠である。その環境を、留学生や短期研修員の受入れ等を通した大学内のグローバル化と、学生が海外と往還しながら学べる学修制度等により、学内にも作り出すことが基盤になると考えている。

ただし、大学教育の質保証という視点からみると、上記のような取組みは、大きなリスクを内包している。本書の中で詳述するが、学生の外国の大学での学習の単位認定は、インターンシップとともに、製造業でいえば製品生産工程の一部のアウトソースに相当する。この場合、教育の質の担保には大きな困難が伴う。近年は、海外の留学生送り出し元の大学が、我々に対して教育の質の保証を求め、エビデンスの提供さえ求めるようになっている。

日本の大学にとっても、海外の大学への学生の送り出しは、高等教育制度が異なる連携先への教育プログラムの一部を委託することになる。このような事業における教育の質保証について、さらに踏み込んだ議論が必要である。本書の中で論じてみたい。日本の大学にとって未開拓の領域である。

第 1 章　大学をめぐる状況

　グローバル化が進行すれば、外国人留学生や協定による短期交換留学生が増加し、大学内の多様性は大きくなる。彼らの多くは、日本の大学制度に関するごく限られた知識しか持っていないのが普通であり、彼らの学修指導には、日本の高等学校を卒業して入学してくる学生に比べてはるかに広範かつ懇切な説明が必要である。

　筆者は、決して学生の国境を越えた動きの中での学びを否定するものではない。かえって、その大学教員生活の中で、これの先頭に立って取り組んできたという自負がある。であるからこそ、安易に流れることなく、大学のグローバル化と教育の質保証の両立の困難さと、それを克服する新たな取組みの重要さを訴えたい。

2.4　ユニバーサルアクセス性と多様性

　平成 16 年度「高等教育の将来像」答申の中で、我が国の高等教育の中長期的展望を考える上で登場したユニバーサルアクセスという考え方に、筆者は注目してきた。現在はおもに、ユニバーサル化という語で、18 歳人口の動態との関連で、進学希望者のほぼ全員が高等教育への進学が可能になった我が国の高等教育機関のキャパシティを論じるのに使われるようになっている（確かに、答申の中でもそのような意味でも使われている）。しかし、大学のユニバーサルアクセス化とは、情報通信(ICT)の世界などでそうであるように、本来は、国籍、年齢、性別、障害の有無などにかかわらず、誰でも同じようにアクセスできる大学を目指すことで、多様性を受容する社会といった近年の社会的思潮に沿った、高い思想性を持ったものであったはずである。

　多様性 (diversity) の増大は、現代社会の動向を語る上で、最大のキーワードの一つである。社会や組織のルールと制度は、社会の多様性の増大に対応すべく、日々進化を続けている。その中で、大学は、社会や組織の構成員の幸せや、利害のバランスがどのような仕組みで追及されるのか、それがどのように変貌しつつあるのかを学生に教えていかなければならない。しかし一方では、若者の社会性の低下が指摘されており、卒業後の長い生涯にわたって社会・組織に貢献できる人材を養成するためには、在学中から上記のよう

な多様性に触れさせる教育はもっと強調されて然るべきだと思う。

　ユニバーサルアクセスが標榜した、多様性に対して開かれた大学は、なかなか実現できていない。例えば、さまざまな取組みにも関わらず社会人学生の増加は進んでいないし、留学生数も大きな伸びは見せていない。留学を経験した日本人学生の大学内での活躍の機会も必ずしも拡大しているわけではない。このように伝統的な閉鎖社会という性格を残した大学では、多様性に対して開かれた教育は不可能である。ここでは、発想を転換し、大学の方が社会に向かって出て行き、社会に学生を育ててもらう以外に方法はない。

　そのためには、片務的であってはならず、大学は社会に認めてもらえる存在でなければならない。つまり、大学そのものが地域社会に貢献できるものに、そしてそれを理解して貰えるように変わらなければならない。そのために必要なのは、社会が求める人材の育成と、新しい社会を拓くイノベーションの創出が鍵である。前者については、産業界の言うとおりに教育を行っていくという意味ではなく、産業界と大学が、我が国や地域の将来に必要な専門性や、社会の多様性の中で活躍し続けていけるしなやかな強靭さを持った人材像について、常に意見交換し続けることが重要である。後者については、多様性が増す社会や組織、企業にとっての新たな組織モデルの構築といった文系的なイノベーションへの貢献も必要である。

　ユニバーサルアクセスという概念が提唱した考えを積極的にかつ発展的に捉えたい。ただし、大学へのユニバーサルアクセスという考えが今後成功に向かえば、学生の多様性の増大に繋がる。これまでのように、大学での学びについて高等学校から一定の説明を受け、比較的一様な選抜試験を経て入学してくる学生に比べて、社会人や外国人留学生など、日本の大学の制度に関する理解や求めるものが異なる学生が増加すれば、大学の学生への対応や教育の質の保証のための方策や制度も、大きな変化を迫られることになる。

2.5　変化の速さと不確実性

　変化の速さが、現代社会のいま一つの特徴である。特に技術革新の変化は加速度的に早まっており、大学時代に学んだ知識・技能が、生涯を通じて有

効であるとは考えられない。卒業後の職業の中で新たな技能を獲得していけるとの論もあるが、これは効率の高い学びの場の提供を基本任務とする学校教育の自滅に繋がりかねない論である。ここで求められるのが、リフレッシュ教育、リカレント教育といわれる社会人教育である。社会人教育の重要さが提唱されるようになって久しいが、必ずしも成功しているとはいえない。

　筆者は、平成19年度の学校教育法（以下「学教法」という。）の改正によって生まれたいわゆる履修証明課程[10]は、これまで成功してこなかった社会人教育に業を煮やした文科省が、新しいアプローチを始めたものだと解釈している。しかし、今後、履修証明課程をいわゆる正規課程の社会人教育に繋げていけるのか、予測はいま一つ困難である。筆者はもちろん履修証明課程を否定的に捉えているのではない。平成20年度に、おそらく全国でももっとも早い時期に履修証明課程を作り、その後もいくつかの履修証明課程を創設してきた経験から、この制度が持っている潜在力を高く評価しているがゆえに、この制度が質保証という点では未開拓な課題を抱えていることを指摘したい。

　いま一つのキーワードは不確実性である。現代は、不確実性の時代、予測困難な時代とも言われている。通信技術や交通手段の発達によって、変化が急速に世界的規模で拡散するため、国ごとに見れば、変化に不連続が生じやすくなっているのが一因であると考えている。

　不確実性のもう一つの要因は、地球の温暖化、環境破壊や食料不足といった、地球規模で進行する課題である。これらがもたらす変化は、非可逆的で人類にとって未経験の状況を作り出す。例えば、化石燃料に依存したエネルギー利用の限界から、再生産性エネルギーへの転換が進んでいるように、世界的な取組みによって非可逆性を回避する可能性が生まれる場合もあるが、それらは、技術や社会規範にまったく新しい要因を生み出す。

　このような社会では、現在役立つ知識・技能を身に付けるだけではなく、国内外の社会、文化の変化により、まったく予想していなかった新たな問題・課題に直面した時に、それを自分のこととして捉えて挑戦する態度が重要である。20年後、30年後にはこれまでに想像もしていなかった技術や制度を基にした社会になるであろうとよく言われる。そうした時代に、新たな課題

を見つけ解決に向けて取り組んでいける人材育成を、いまから用意しておかなければならないと考えるのはごく自然である。

2.6 ミッションの再定義：強みと特色

　平成25年に、国立大学は、国が「国立大学改革プラン[11]」によって推進した「ミッションの再定義」という事業の矢面に立たされた。各大学は、強みと特色を明らかにし、それを基に大学ごとのミッションを組み立てろというものであった。「あの分野は当然どこそこ大学が中心になって担うでしょう」と誰もが考えるような、いわゆる強みと特色が必要であるというのはある意味で当然である。ただし、当時言われた個性・特色化は、そのようなものではなかったと筆者は感じている。

　平成16年度「高等教育の将来像」答申では、大学はそれぞれの個性・特色を明確化しなければならないとされ、1. 世界的研究・教育拠点、2. 高度専門職業人養成、3. 幅広い職業人養成、4. 総合的教養教育、5. 特定の専門的分野（芸術、体育等）の教育研究、6. 地域の生涯学習機会の拠点、7. 社会貢献機能（地域貢献、産学官連携、国際交流等）の7類型が例示された。

　国立大学改革プランでは、それらが、世界最高の教育研究の展開拠点、全国的な教育研究拠点、地域活性化の中核拠点の3類型にまとめられ、個々の国立大学は、これらのいずれを自らの強みと特色とするかを決めることを半ば強要された。これが大学側から快く受け入れられなかったのは、この施策に、大学の「優秀度」を序列付けるといった鎧が衣の下に見え隠れしていたせいだろう。

　本当の意味での大学の個性・特色化とはどのようなものなのかを考えたい。日本の社会の中での大学の役割は、社会全体の中で大学が担わざるを得ない任務から考えるべきである。教育面では、リフレッシュ教育、リカレント教育などの社会人教育の相当部分を大学が担わざるを得ないだろう。また、日本が国際社会に対応するために必要な知識・技術の開発・蓄積も全国に配置された大学が担わざるを得ない機能であり、国内で一般に思い浮かべられる教育、研究両面での諸活動は、国境を越えた広がりの中で実現される必要が

ある。

　もとより、多くの大学にとって、これらのすべてに対応することは不可能であり、それを求められるべきでもない。現在は、大学が大学をめぐる社会の状況に応じつつ、各大学が掲げている建学の精神や大学の目的、人材養成の目的の実現に向けて必要な取組み、すなわち、大学の自らの役割という個性化をより真剣に考えなければならない時代に来ている。ただ、それらは、中教審答申や文科省が示しているほど単純化できるものではなく、もっと多様でありながら個性的なものであると訴えたい。

　従来型の研究・教育を主体にしていく大学に比べて、社会人教育等を含めて地域社会の中での「知の拠点」になろうとする地方大学こそ、新たな任務と学内の多様性の増大ゆえに、その教育の質保証に新たな課題を背負うことになる。そのことを、誇りを持って自覚したい。

2.7 大学のクロスロード化

　現代を特徴づけるキーワードの一つが多様性であることは、中教審答申が繰り返し述べているとおりである。

　男女共同参画や障害のある人たちの社会参画をとおして、日本の社会の多様性は確実に増している。全地球レベルの課題への国の枠を越えた取組みや、人々の活動の地球規模での拡大に加えて、経済・産業・文化の面で国内社会のグローバル化も進行している。グローバル化の進行により異文化に接触する機会が増え、多様化は世界規模でも進行している。こうした背景の下では、大学は、学内外で学年や世代、国籍を越えた多くの人と出会い、ともに学び合い、その中から学生が自分自身を形成していく場を提供する場にならざるを得ない。

　志學館大学は、クロスロードでありたいと思う。クロスロードとは「十字路」のことである。大学は、年齢や背景とする文化が異なるさまざまな人々が、時間や空間を越えて行きかうところでありたいという思いを込めて、こう呼びかけ続けている。多様な人たちが、同時にこのキャンパスで学ぶこともあるし、一つの学びの流れの中で年齢の異なる人々が結びつくこともある。

卒業生が人生の折に触れて新しい学びを求めて訪れ、地域の方々とともに学びかつ教えあう場であり続ける。クロスロードとはそんな場である。

学生に、社会の中での自らの学びや幸福の追求ということを考えて貰うには、大学・キャンパスのクロスロード化が、その基盤を与えるものだと思う。カリキュラム教育の質保証を直接的に担保するものではないが、「21世紀型市民」を輩出するための不可欠の基盤であると考えている。教育の質に加えて、大学という組織の質をこういう方向でとらえたいと思う。

3. 大学教育の質の改善に向けた機会

大学が、教員が教えたいことを教え、自ら望むようにのみあり得る時代は終わった。時代の変化に応じて、学問の継承性と社会的な教育ニーズを汲み上げつつ、自律的に変わっていかなければならないという信念が、大学教育の質保証の出発点である。

いま大学に求められるのは、自ら定めた大学の目的や教育上の目的に従った教育の質の向上とその保証のために、しなやかで強靭な運営能力を構築することである。求められるガバナンスとは、進行する大学教育の変化やその動向に対応していく組織の力である。

そのための簡潔で明快かつ有効な方法を求める必要がある。ただし、中小規模で人的資源も限られている地方大学にとって、そういった手法を自ら開発していくことは、重すぎる課題である。これを克服するためには、他分野で用いられている手法、特にビジネスツールの取込みは、きわめて有効な手段であることを訴えたい。本書で、品質マネジメントの国際規格であるISO 9001や国際協力分野で利用されているプロジェクト計画・管理手法を取り入れている理由は、そこにある。

前節で述べた、大学をめぐる状況の動向は、すべて各大学での教育ニーズと入学してくる学生の質の変化に直結している。変化が急速に進行すれば、従来のように大学組織やカリキュラムをゆっくりと時間をかけて完成させていく時間はもうあまりないかもしれない。

受け入れた学生を、本人も満足し、産業界からも信頼され、社会のよき一

員として振る舞いかつ有為であると認められるところまで伸ばす教育を行うのは、特に教育を主たる任務とする地方大学の役割であるが、これを満たす高等教育、特に個々の大学の役割と機能は、今後も急速に変化し続ける可能性が高い。つまり、今後の大学は、教育のコンテンツの変化・向上に必要な能力ばかりでなく、この速さに対応できる制度的能力も必要とされることになる。このような大きな時代の転換点の中で、大学が果たすべき社会的な機能とその中での個々の大学の任務を高いレベルで達成していきたいというのは、大学人としてごく自然な発想であると思う。

第2章　大学教育の質保証のためのツール

　現在の大学にとって、点検・評価を教育の質の向上・保証のための改革に繋げることは不可欠になっている。ただ、点検・評価は、往々にして外形的な制度のための制度に陥りがちである。自らの大学と教育のあり方についての組織としての明確な意志の下で事業計画をたてかつ実施し、点検・評価を改革につなげていくのには、まだまだ十分に実質化されていない面がある。実質化のために、品質保証の国際規格である ISO 9001 やその他のマネジメントツールを取り入れるのが有効である。

1. ISO 9001：品質マネジメントの国際規格

　ISO 9001 は品質マネジメントシステム（Quality Management System: QMS）の国際規格であり、組織が、製品及びサービスの品質を管理し、顧客の要求を満足させるために必要な継続的な仕組みを備えているか、その実施状況が適切かを確認するためのツールである。現在 100 カ国以上が国の規格として採用している。

　1987 年に、International Organization for Standardization（ISO： 国際標準化機構）によって、品質保証規格として制定され、日本でも 1994 年に日本工業規格（JIS 規格）として採用された。2000 年に、品質保証のための規格から、品質のマネジメントシステムを扱うものに大改訂され、2008 年、2015 年の改訂を経た ISO 9001: 2015 を日本規格協会が翻訳したのが、JIS Q 9001: 2015 である[1]。JIS Q 9001 規格は、本体部分が 17 ページという、いわば小冊子と言える分量の文書であるが、内容の密度はきわめて高い。

　なお、ISO 9001 を制定した大元の組織である ISO は、前身であるメートル条約（1835 年成立）が発展して 1947 年に設立された、もの及びサービスに関する国際基準等を制定するための国際機関である。

　以下、本書で利用するのは、JIS Q 9001: 2015 であるが、特に断らない限り、ISO 9001 又は 9001 規格と呼ぶ。なお、以下の記述では、9001 規格の引用・要約等がきわめて頻繁に表れるため、引用・要約・解読等の別は明記

するが、各箇所に引用文献番号は付さないこととする。本文中で、実線枠内に示している場合は、9001規格そのままの引用である。

以下の記述で、「」は本書の中で特定の意味を持つ語句のほか、ISO 9001規格等からの引用の場合に用いるが、完全な引用ではなく、一部の語句を省略して記載する場合にも用いることをことわっておく。

品質マネジメントの標準としてのISO 9001：ISO 9001は、責任あるあるいは信頼できる組織（企業、団体、学校等）が最低限具備しておくべき規準を示したものである。ISO 9001適合の認証を取得するか否かは、本質的なことではなく、組織がこの規格を満たしているか否かを点検することで、組織が信頼されるに足る制度を持っているかを確認することができる。

大学の学務（教務に加えてそれに必要な要員、施設などの資源提供を含む概念とする）マネジメントシステムを、9001規格が規定している品質マネジメントの規準を逐条的に満たすように変えることには意味がない。大学が、自らやろうとすることを明確にし、そのために必要なマネジメントシステムを設計し、それがISO 9001という国際スタンダードを満たしているかをチェックするというアプローチが合理的である。ISO 9001を採用する理由は、ユーザによる制度設計の自由度が高いこと、いわゆるPDCAサイクルの意味が明確にされていること、国際的通用性を持ちかつJISという国によって確立された規格であるといった点にある。

大学の管理制度の企画と設計に十分な経験と実績がある大規模な大学の場合、この種の規範を自ら開発することも不可能ではない。ただ、長い開発の歴史を持つとともに多数の賛同を得ているISO 9001に匹敵する規格を、学内のワーキンググループなどで短時日のあいだに完成するのはほぼ不可能である。その点でも、大学の自己点検・評価の規格として、ISO 9001を物差しとして出発するのが、もっとも確実で信頼できるアプローチである。

ISO 9001は、日本では民間企業が採用するものとのイメージが強く、日本の高等教育の世界ではあまり認識されていないが、海員教育に関して、国際海事機関（International Maritime Organization: IMO）が、ISO 9001に従い教育の質を担保するよう求め、現在の海事関係の教育・訓練の質のマネ

ジメントがそこから発達してきたのは有名である。全世界で、安全な業務サービスがもっとも要求される業種の一つである空港の多くが、ISO 9001 に従って業務管理を行っているのもよく知られている。筆者の経験では、マレーシア国の水産庁が、行政組織まるごと ISO 9001 の認証を取得しているのに驚いたこともある。

　ISO 9001 の問題点や弱点を指摘する声もあるが、これを超えかつ広範に認知されている品質マネジメントのモデルはまだない。また、9001 規格が当初の製品製造を対象としたものからサービス提供を含むかたちに一般化される一方で、9001 規格を発展させた産業種別の品質管理システム規格が制定されているが、教育を対象とした品質管理モデルはまだ生まれていない。

　JIS Q 9001 規格の記載は分かり難いと言われるが、元々製造業に対する規格として出発した記載（まだまだその名残を残していると思う）が、大学という組織と教育サービスでは何に相当しているかが分かり難いというのが原因の一つである。9001 規格を大学教育の質の点検のための物差しとして利用するために、規格を思い切って具体的に読み解いてみるのも、本書が目指すところである。日本規格協会版の JIS Q 9001 が手元にあればいいが、なくても ISO 9001 の全貌を教育の観点から理解できるように努めたい。

1.1 PDCA サイクル：組織の意思の重要性

　日本の大学教育の質保証の中で PDCA サイクルという言葉が使われるようになったのは、平成 20 年の「学士課程」答申からである。PDCA サイクルは、米国の統計学者デミングが提唱した品質管理理論を承けて、1951 年に日本科学技術連盟（日科技連）が提唱し始めたもので、その後、ISO 9001 に取り入れられたことで、一躍有名になった。Plan（計画）、Do（実施）、Check（点検）、Act（改善）を、9001 規格は、［序文 0.3.2 PDCA サイクル］で、次のように記している（若干の語句を省略してある）。

> Plan： 目標を設定し、顧客要求事項及び組織の方針に沿った結果を出すために必要な資源を用意し、リスク及び機会を特定し、それらに取り組む。

> Do: 計画されたことを実行する。
> Check: 方針、目標、要求事項及び計画した活動に照らして、プロセス並びにその結果としての製品及びサービスを監視し、測定し、その結果を報告する。
> Act: 必要に応じて、パフォーマンスを改善するための処置をとる。

　特に注意を喚起したいのは、Plan が目標や組織（本書では大学）の方針の設定から出発する点である。後述するように、目標や顧客要求事項、組織の方針は、組織の内部・外部の状況の把握から生まれるもので、このプロセスを担保するのは、組織とそのトップマネジメントの責務である。

　PDCA サイクルは、それらを元にした、製品及びサービスの計画、製造・サービス提供、モニタリングと分析、改善のサイクルである（図1）。ここで、トップマネジメントによる組織の意思決定への責務とコミットメントから出発している点は、きわめて重要である。PDCA は、業務のサイクルとして有名になりすぎているが、単に実行計画の策定から出発するというのではなく、組織の意思決定から始まることは、十分に認識される必要がある。

これは、近年の大学運営では、教育研究上の目的や卒業認定・学位授与の方針 (DP)（以下「学位授与の方針」という。）など、大学の組織としての意志の設定がまず求められるのと同じである。したがって、Plan が、品質方針（大学の場合の使命や教育研究上の目的に相当する）の下にあるという点には特に注目すべきである。さらに、Check も、単に計画どおり進行しているかの点検ではなく、モニタリングを通したもっと積極的な状況把握を意味するという点も改めて認識されるべきである。

1.2 ISO 9001 規格の構成

ISO 9001 規格の基本構成： ISO 9001 規格は、顧客と組織及びこれらをめぐる内部・外部の状況という関係の最適化を図ることをその発想の基本としている。

　9001 規格は、序文と 10 章からなる（表 1）。第 5 章～第 10 章で図 1 に示した 5 つのプロセス（業務の各段階又はクラスター）を記載し、これに加えて、このサイクルに入らない重要な事項を第 4 章に置き、手続き的な記載を第 1 章～第 3 章に置いていると考えると分りやすい。具体的な「要求事

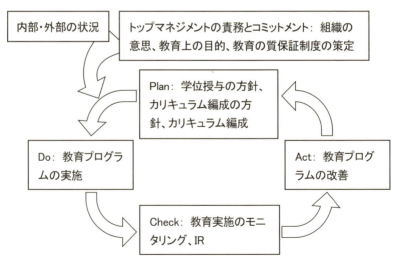

図 1　組織の意思を出発点とする PDCA モデル

項」(満たさなければならないこと)は、第4章以降にのみに含まれている。

各章の内容： 序文では、品質マネジメントの原則、PDCA サイクル、プロセスアプローチ、リスクと機会といった 9001 規格の基本をなす概念についての説明がある。一般にいわれる「PDCA を回す」ことだけが有名になり過ぎているが、これらのキーワードの理解は必須である。

序文の一部と第1章〜第3章は、現在の 9001 規格に至った経緯、この規格の役割と他の規格との関係（用語の統一を含む）が述べられている。国際条約などでは、その条約に至る経緯と他の国際条約や締約国の国内法との関係が最初に記載されることが多く、ISO 9001 が国際文書として成立したという性格を反映したものだろう。

第4章は、組織をめぐる状況、課題及び利害関係者のニーズと期待の理解、すなわち組織の品質マネジメント形成の基礎となる内部・外部の要因の理解の重要性を述べている。また、品質マネジメントシステムの適用範囲の明確化とそこでのプロセス構成の理解が必要であるとしている。

第5章の［リーダーシップ］との章題は、やや漠然としているが、ここに含まれる大部分の節の主題は、トップマネジメントとその活動の軸となる「顧客重視」と「品質方針」に関するものであり、章題は「トップマネジメントの責務とコミットメント」と読み替えてもよい。トップマネジメントのコミットメント、顧客重視、品質方針、責任と権限などの重要な考え方が説明されている。

ここでは、すべてをトップマネジメント（大学では、学長又は学長を含む最上位管理運営機関）が決めるといっているのではない。組織として、この章に列挙されている事項の基礎的な要素と枠組みを与え、必要な事項が行われることを確実にするのが、トップマネジメントのコミットメントである。近年の大学関係の用語でいえば、「大学のガバナンス」と言い換えてもそう遠くはない。

　第6章の［計画］は、前章で記された品質方針の下での、品質目標、品質マネジメントシステムの計画の策定と、その際のリスクと機会の取り込みの重要性について述べている。本書では、9001規格には三つの計画が記載されているとあとで書いているが、そのうちのもっとも大きな計画を指す。

表1　ISO 9001: 2015 規格の構成と内容

章	章題	内容
序文		一般、品質マネジメントの原則、プロセスアプローチ、他のマネジメントシステム規格との関係
1～3	適用範囲； 引用規格； 用語及び定義	
4	組織の状況	組織及びその状況の理解、利害関係者のニーズ及び期待の理解、品質マネジメントシステムの適用範囲の決定、品質マネジメントシステム及びそのプロセス
5	リーダーシップ	リーダーシップ及びコミットメント、方針、組織の役割、責任及び権限
6	計画	リスク及び機会への取組み、品質目標及びそれを達成するための計画策定、変更の計画
7	支援	資源、力量、認識、コミュニケーション、文書化した情報
8	運用	運用の計画及び管理、製品及びサービスに関する要求事項、製品及びサービスの設計・開発、外部から提供されるプロセス、製品及びサービスの管理、製造及びサービス提供、製品及びサービスのリリース、不適合なアウトプットの管理
9	パフォーマンス評価	監視、測定、分析及び評価； 内部監査、マネジメントレビュー
10	改善	一般、不適合及び是正処置、継続的改善

第7章の［支援］という章題は分かりにくい。英語の原文ではsupportなので、「基盤」（又は土台）と考えるほうがよい。つまり、トップマネジメントのリーダーシップを支えるために不可欠な基盤である。したがってここでは、人的資源、彼らの力量、インフラストラクチャ及び業務実施のための環境が、組織の目的実現のために十分なものでなければならないという考えを示している。また、組織の構成員の知識と認識（周知）、内部・外部のコミュニケーションについて記載している。

　この章の内容は、学教法の下で定められている大学設置基準（以下「設置基準」という。）等の中で、大学に必要な施設と必要な教員数や教員に必要な資格等が定められていることや、近年ファカルティディベロップメントやスタッフディベロップメント（以下それぞれ「FD」、「SD」という。）と呼ばれる、人的資源の能力開発（教職員の職能開発：Capacity building）が強調されている点からみると、品質マネジメント（大学界でいう「教育の質保証」）の「基盤」としての重要さが理解できる。

　このように列挙すると、「支援（基盤）」という地味な名称にもかかわらず、この章の内容の濃さが理解できる。ただし、監視及び測定のための資源（機器）だけは、大学教育の中では想定できるものがないため、考慮する必要は少ない。

　この章に「文書化した情報」という規定がある。「ISO 9001とは文書化のこと」と、ため息とともに揶揄的に語られることがあるほど、一部の組織は文書化が苦手なようだが、大学では、規則や実施要項などの文書により手順化されているプロセスは、9001規格が求めるよりはるかに多い。また、現在の9001規格自体、以前の版に比べれば文書化の要求は少なくなっている。

　9001規格が維持しておくべきとする「文書化した情報」の多くは、実施の証拠である。大学には、議事要旨や各種の活動報告書で記録を残す習慣があるし、文書規定を持っているのが普通である。証拠（エビデンス）の提示というのも、近年の大学にとっては、認証評価や各種の競争的資金・補助事業の申請の中で一般化してきている。大学が行っていることの制度上の根拠と実施のエビデンスを、常に文書で示すことができるようにしておく必要があるという程度に理解しても十分である。

ISO 9001 認証取得という視点からは、ここで規定されている「品質マニュアル」は重要であるが、本書ではこれが必須という立場には立っていない。

第8章［運用］は、おもに製品の製造及びサービスの提供の実施段階について扱っている、9001 規格中で最大の章である。9001 規格の旧版では「製品実現」と書かれていた。製品を初期計画し、設計・開発を経て、材料や部品の購買、製造していく過程、製造工程の監視機器及び測定機器の管理に係る規格を記載し、製品を作り出す業務全体を扱っていると考えると分かりやすい。章題である「運用」の意味がやや分かりにくいのは、現在の 9001 規格がサービスを含むものに拡張されたために、operation という言葉が使われるようになったためだろう。

この章の記載には、もともと製造業を念頭に置いたものが色濃く残っており、教育プログラムへの適用にはその真意を理解した上での工夫が必要である。ただ、自らの教育上の目的、各種調査結果や法令上の義務等さまざまな関連する要因を基に教育プログラムの基本計画をまず定め、それを実現する新たなカリキュラムを作成し（改組やカリキュラム改訂）、それに従って個々の教育活動を行い、同時にそれらの活動が計画どおりに実施されていることをモニタリングしつつ改善していくといった過程を想起すれば、上記のような製造業の工程と異なるところは少ない。

大学教育では近年、教育課程の組織的編成が必要とされるようになっており、特に設計・開発の重要性は増している。この章の内容は、教育の内容がややもすると教員の研究上の専門性や個々の判断に任せられてきた、従来の大学教育の弱点を克服するための枠組みと多くのヒントを与えてくれる。

第9章［パフォーマンス評価］は、顧客満足を基礎にしつつ、監視・測定（モニタリング）とその結果の分析から改善へ繋げる道筋の必要性を記載している。教育プログラム実施のモニタリングと、自分たちが行っている教育に関する科学的資料に基づいた議論を改善に結び付けていくというふうに考えれば、近年提唱されている Institutional Research (IR) に近い。また、この章の記載の多くは、近年大学で行われている点検・評価に相当する。大学の点検・評価は、必ずしも大学教育の質保証の向上や新たな成果には結びついていないとも言われる。この章から学べることは多い。

トップマネジメントによる、品質マネジメントシステムと成果のレビューに関する記載がある。このレビューからのアウトプットは、実質的には次章の改善に繋がるものである。

第10章［改善］は、品質マネジメントシステムの中で起きた不適合の是正や継続的改善というかたちでの品質マネジメントシステムの改善について記載している。

以上の内容をもう一度要約すれば、序文で品質マネジメントの基本、第4章で状況の分析、第5・6章でトップマネジメントの責務とその意思としての品質方針と全体の計画（P）、第8章で製品等の製造・提供（D）、第9章でモニタリングとその結果の分析（C）、第10章で改善（A）が述べられていることになる。第7章は、第5・6章でトップマネジメントが確実にしなければならないとされた事項や、品質方針・全体計画を考える際の必要な基盤を具体的に述べている。そういう意味では、第5章～第7章は一体として捉えられる。

大学教育への適用：もともと製造業の品質保証から出発したISO 9001を教育プログラムに適用する上での弱点もある。あとで詳細に検討するが、潜在的顧客である受験生や高校教育に対する対応や、公的性格がきわめて強い大学の社会的責任への言及に相当する条項が少ないことである。これは逆に、9001規格を元にした教育版への発展が必要であることを示しているとも言える。

筆者らが、ISO 9001を大学教育の質保証に利用し、開発・発展してきたモデル12)を、本書では、教育の質マネジメントシステム（Education Quality Management System: EQMS）と呼ぶ。

ISO 9001が対象としない領域：9001規格は、序文の［0.4 他のマネジメントシステム規格との関係］で、他のマネジメントシステムに固有な要求事項」は、意図的に扱っていないとしている。つまり、9001規格は、製品及びサービスの提供の品質に影響を与える要因のみを扱っているもので、組織の活動のすべての領域を対象にしているわけではない。

規格を組織の活動のどの領域に適用するかは、ユーザの自由である。例え

ば大学がユーザである場合、品質マネジメントの対象を教育と決めれば、研究は規格適用の対象に入らないし、財務も対象外である。この関係は近年、「大学の質保証」と「大学教育の質保証」の二つの表現が使われるのと、発想は似ている。

　9001規格は、「組織が品質マネジメントシステムを、関連するマネジメントシステム要求事項に合わせたり、統合したりできるようにしている」とし、また「既存のマネジメントシステムをこの規格に適応させることも可能である」と説明している。特に後者は、大学がこれまで長年にわたって確立してきた運営システムをこの規格に従って整理したり、品質マネジメントシステムに既存の制度や規則を組み込むことを推奨していると読める。本書もその立場を採り、9001規格と認証評価等の点検・評価事項と組み合わせて、最適の学務マネジメントシステムを構築することを意図の一つとしている。

1.3　大学教育の質保証へのISO 9001の利用と用語

　JIS Q 9001は、英語で書かれたISO 9001に忠実な訳又は原文以上に難解な訳で、独特の用語や言い回しが多く、分かり難いとよく言われる。用語についてはISO 9000で詳細に定義・解説されているが、それを読むとますますわからなくなるという声も聞かれる。

　9001規格が読み難いと言われる最大の理由は、世界のどこでもどのような業種にも適用できるよう、一般的かつ厳密な条件設定と定義等を伴いながら書かれているためであり、読みにくさはある程度仕方がない。また、「及び、並びに」や「若しくは、又は」といった語法や句読点の用い方等を含む公用文に慣れていない場合は、難解さはさらに増すだろう。これを読み解いて、この規格をどうすれば満たすことができるかよりも、品質というものを考える時にいつでも立ち返る発想の原点といった使い方ができればと思う。

　以下では、9001規格を理解する上で分かり難いと言われる語の意味を、おもに大学教育への適用という視点を加えながら説明する。これは、9001規格を物差しとして、大学教育の質のマネジメントを見なおすために避けて通れない手続きである。

本書は、基本的に組織を大学とすることにして記載している。しかし、大規模な大学では、基本組織である学部ごとに、期待される役割や教育上の目的が大きく異なる。学部が相当のオートノミーを持つ場合、それらを一括した 9001 規格の適用はきわめて複雑なものになるので、学部ごとの場合を想定しながら読まれたほうが理解しやすいだろう。

　製品及びサービス：　「製品及びサービス」という表現は、9001 規格を理解するために、もっとも重要な基本概念の一つである。ともに、組織が生み出すものであるが、ISO 9000 によれば、前者は顧客に提供される前に完成しているが、後者は組織と顧客の間の行為で生み出され「一般に無形である」。大学教育は、大学と学生の間の行為で生み出され、無形であることから、サービスである。

　教育プログラムのどの部分をサービスの単位とするかには、二つの考え方があり得る。すなわち卒業までに履修する教育の体系か、あるいは個々の授業科目か、いずれと考えるかである。本書は、前者すなわち、教育プログラム及びカリキュラムの実施の全体がサービスであり、個々の授業科目とその授業の実施はそのコンポーネントであるとの考えに立っている。

　いわゆる正規学生は、入学と同時に、学科や課程のカリキュラムの下で、4 年間で卒業要件単位を取得する機会を提供される権利を持つことになり、科目等履修生のように科目ごとに切り売り的に受講するわけではないので、個々の授業科目を独立した製品又はサービスとみるのは適切ではない。卒業までに履修する教育の体系がいわば「製品」である。

　大学における教育プログラムは、一定期間のうちに部分製品を逐次納入して行き、最終的にそれらが組み立てられて完成した製品となるような製品納入形態をイメージすれば近い。これは、大学教育の目的が個々の授業科目の学習で満たされるのではなく、卒業に至るまでの履修の総体の完了により達成できるからである。

　筆者は、教育上の目的（人材養成上の使命）に始まり、学位授与の方針、教育課程編成・実施の方針（以下「教育課程編成の方針」という。）に従った、教育体系の提供全体を製品と考えている。図 2 は、潜在的顧客である高

校生・受験生、顧客である学生へのサービス提供、エンドユーザである就職先企業の関係の中で、中心にある学生への教育提供全体を「顧客へのサービス提供」とすることを示したものである。なお、科目の一部がカリキュラムの枠から少しはみ出して図示されているが、これは、教育の一部が外部に依存している場合があることを示しており、あとで重要な視点となる。

一部に、大学教育の製品を学生（卒業生）と考える人もいる。「人づくり」といった表現から出てくる発想だろうが、不適切である。大学が自ら定めたとおりに責任を持って提供できるのは教育プログラムまでである。これが個々の学生にどのように受け入れられ、能力として定着するかは、個々の学生の持って生まれた能力や個性及び大学在学中の時間の中で教育プログラム以外に由来する人間形成上の多くの要因に左右され、提供した知識や技能ができる限り身につくように大学が工夫・努力をしたとしても、大学側には保証や管理は不可能だからである。

ISO 9000が製品を「プロセスの結果」と定義している点に鑑みれば、卒業時の学生の持っている能力や態度・志向性は、大学での教育プログラム（＝プロセスの総体）のみの結果とは言えない広範な要因の影響の結果である。

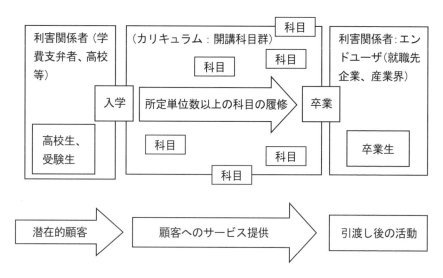

図2　ISO 9001の視点から見た大学教育プログラム提供の流れ

このことは、教育の質の向上とその成果を考える時に、不可欠な視点である。大学が担保できるのは、質の高い教育プログラムの確実な実施までである。

　教育は、サービスの常として、教育プログラムの提供の瞬間から消えていく。教育プログラムは完成（完了）時点で、実態として把握・評価すること（不良品であるかどうかの検査といった活動）がきわめて難しく、卒業生の品質と教育の品質は別物である。こういう製品・サービスであるからこそ、製品実現の各級のプロセスの信頼性の確保が、製品品質の担保に繋がるし、プロセスの改善が製品の改善に繋がる。こうした考えは、ISO 9001 が品質保証システムではなく、品質マネジメントシステムと称していることによく表れている。

　品質： Quality の訳で、「本来備わっている特性が、要求事項（満たすことが求められ、また期待されている事項）を満たす程度」を意味する。本書のテーマである「大学教育の質保証」という場合の「質」は、「品質」すなわち、大学教育が満たすことを求められるものを意味している。ただし、満たすだけでなく、期待されていることを超える程度という捉え方もある。

　品質方針： ISO 9000 によれば、「方針」とは、「トップマネジメントによって正式に表明された組織の意図及び方向付け」と定義される。また、「品質方針」は、「組織の全体的な方針と整合しており、組織のビジョン及び使命と密接に関連付けることができ、品質目標を設定するための枠組みを提供する」とされている。大学教育の場合、「組織の全体的な方針」とは、建学の精神や憲章及び学教法により求められる「大学の目的」と考え、「品質方針」とは、大学の「教育研究上の目的」の中の教育に係る部分、すなわち「教育上の目的（人材養成目的）」と解釈できる。

　品質目標： ISO 9000 によれば、「目標」とは、「達成すべき結果」であり、「品質目標は、品質方針に基づく」とされている。したがって、大学での「品質目標」は、教育上の目的の下に整合性をもって形成される教育の達成目標すなわち「学位授与の方針」と考えてよい。

　顧客： ISO 9000 によれば、顧客とは、「製品・サービスを受け取る又は

その可能性のある組織又は人」と定義される。大学での製品を教育プログラムとすれば、それを受けとる顧客は学生である。「可能性のある人」と広く定義しているので、高校生・受験生はこれにあたるが、大学教育の質保証という視点から、本書では彼らを潜在的顧客として区別した。

　学生は大学にとって顧客ではなく、大学教育は大学と学生が協働で構築するものであるとの考えもある。筆者も、個々の授業が教える側と学生のinteraction（相互の働きかけ）によって成り立つとの考えから、大学と学生の協働作業の重要性には全面的に賛成する。ただし、学生を単に教育の受け手と考え、大学は彼らに教え、成績を評価するという旧来の立場ではなく、大学は学生に対して約束を守る義務があるという立場を明確にするという点で、学生を顧客とみることに意義がある。

　要求事項：　ISO 9000では、「要求事項」とは、「明示されている、通常暗黙のうちに了解されている又は義務として要求されているニーズ又は期待」と定義されている。簡単に「ニーズ又は期待」あるいは「満たすことが必要な事項」と考えてもよい。requirementの訳であり、日本語から受ける「誰それが何々を要求する」というイメージとは違う。

　要求事項は、「顧客要求事項」、「法令・規制要求事項」、「規定要求事項」に分類できる。

　顧客要求事項は、大学教育では「学生要求事項」と呼ぶことにする。上の定義に従えば、顧客要求事項とは、顧客が製品・サービスに求めるニーズ及び期待である。顧客と組織の間で合意された文書すなわち仕様書などで表されたものが普通であるが、組織自体がこれを決定することもある。

　大学教育の場合、カリキュラムの内容や特徴、それを修得することで期待できる就職先等を大学が示し、それを期待する高校生・受験生が入学してくる。製造業の場合の発注者とは違い、学生は入学の時点で、教育について期待は持っていても要求を明示しない。在学中も、学生は授業科目の内容に要求を出すことはほとんどなく、シラバス等に示されている内容に従い、授業科目を選択し履修する。このことから逆に、大学教育では、大学が発信したカリキュラムに関する情報やシラバスはすべて学生との契約書であり、大学

はそれらの内容を学生要求事項として満たす義務があるという認識に至る。

　法令・規制要求事項には、大学教育の場合であれば、大学教育に関連する法的要求（学教法、同施行規則や設置基準の定め）、文科省からの通達等、認証評価の評価基準項目などが当てはまる。義務は明記されていないが、中教審答申なども入るだろう。資格教育の場合、その資格を所管する官庁が定めている省令等も含まれる。教育に供される施設・設備の安全性、環境等に関する法律等も含まれる。

　規定要求事項とは、組織（大学）が規則等に自ら規定した要求事項をさす。大学の学則や規則等は、学教法と設置基準を満たすように作られているので、そこで定義されている事項は、法令・規制要求事項に沿った規定要求事項である。私立大学では「建学の精神」は自ら定めたものである。教育実施上の制度（例えば、シラバス記入要領のような大学独自の規則）や大学が独自に定めた教育の質保証システムなどは、典型的な規定要求事項であり、組織とその構成員の活動はこれを満たさなければならない。

　顧客満足：　ISO 9000は、「顧客満足」を「顧客の期待（要求事項）が満たされている程度に関する顧客の受けとめ方」と定義している。顧客満足（学生満足）を重視することは9001規格の基本の一つである。顧客満足は、9001規格の英文では'customer satisfaction'であり、'customers' happiness'といったことではなく、'to meet customers' expectation and requirements'であることを明確に意識することが重要である。これは、俗に言う「お客様は神様」というようなことを想定しているのではない。顧客は組織が担保する製品の品質（性能等）を期待して製品を購入するのであって、顧客が「確かに説明どおりの製品である」と納得することが「顧客満足」である。したがって、大学教育では、入学以後4年間の履修により何かができるようになると学生に約束したことが満たされることが、学生満足である。

　既述のように、大学教育では一般に、「顧客要求事項」は顧客が出すのではなく、大学側が公表し、学生はそのようにしてもらえると期待する。したがって、学生満足とは、大学の広報等に関する正直度を反映するものでもある。筆者は、大学教育の現場では、このような認識は一般にきわめて希薄で

あると感じている。

利害関係者： interested party の訳で、ISO 9000 では、「ある決定事項若しくは活動に影響を与え得るか、その影響を受け得るか、又はその影響を受けると認識している個人又は組織」と定義され、「顧客」も含むとされている。特に「密接に関連する利害関係者」は、「そのニーズの把握等が組織をめぐる状況判断にとって重要であるとされる利害関係者」であるが、その範囲は組織が判断するものである。

ただし、こう考えると広範囲過ぎて、かえってどのようなニーズの把握が重要か判然としなくなってしまう。本書では、学生は顧客、高校生・受験生は潜在的顧客とし、密接に関連する利害関係者は、彼らの学費支弁者、彼らの大学進学を指導する高等学校、エンドユーザである就職先企業及びその集合体である産業界、地域社会などとする。ISO 9000 が、「（密接に関連する利害関係者）のニーズ及び期待が満たされない場合に、組織の持続可能性に重大なリスクを与える」としていることを念頭に置いて、上に列挙した人や組織を見ると、彼らのニーズの把握の重要さがよく分かる。

運用： Operation の訳で、これだけ切り出すと非常に分かり難い。プロセスの運用といった使い方をされていて、筆者の語感では、「実施」又は「実行」としたほうがしっくりくる。もっとも重要な用法は、製品の製造とサービスの提供両者の実施を包む言葉として用いられている場合である。9001 規格に頻繁に登場するが、珍しく ISO 9000 に定義がない語である。つまり、一般的な英語の単語として使われたもののようである。

不適合： まず「適合」とは、9001 箇条［4.3 品質マネジメントシステムの適用範囲の決定］によれば、「製品及びサービスの適合並びに顧客満足の向上を確実にする組織の能力又は責任に影響を及ぼさない」状態である。短く言えば、「要求事項をすべて満たしている」状態である。したがって、「不適合」とは、「要求事項を満たしていない」ことを指す。

要求事項の性格や範囲が多様であることから、大小さまざまな不適合が考えられる。本書で紹介する EQMS では、教育実施プロセスで生じた「教育

プログラム（製品）の不適合」のみをこう呼ぶこととし、法令・規制要求事項の変化や大学教育の長期性によって生ずる不都合（例えば、学教法等の改正に対する学内体制の整備の遅れ）は、「不具合」と呼ぶことにしている。両者の性質の差から、求められる是正の方法や手続きが大きく異なるためである。

9001 規格でも、不適合やそれへの対処については、おもに製品及びサービスの不適合について記載されており、上記の判断はあながち独りよがりなものではない。もちろん、教育の質保証システムの中で見いだされた不具合についても是正等の適切な処置が必要であることは言うまでもない。

監視及び測定： プロセスの「監視・測定」とは、もともと、製造業の製品生産のプロセスで工程が正常に流れていることの監視や、製品の規格への適合度の測定を言ったものだったのだろうが、現在の 9001 規格では、点検のための資料・データ収集等も監視・測定の範囲に含まれる広範な概念となっている。

製品生産のプロセスは、大学教育では教育プログラムの提供の段階に相当するが、教育現場には「監視・測定」はなじまず、用語への抵抗感もある。大学教育プログラム実施のプロセスの中でその運用を物理的に測定することがないため、以下の記述では、「監視」の翻訳前の言葉である「モニタリング」という語に置き換えてある。現在の 9001 規格での上記のような活動を言い表すにも、「監視」よりも適切であると考える。

この条項の内容は、現在の大学に求められている IR に繋がるもので、本書の主要なテーマの一つである。

パフォーマンス： 9001 規格 2015 年版で非常に頻繁に出てくる語で、この規格の中心的な概念の一つである。ISO 9000 によれば、「測定可能な結果」であるが、語源は'perform'なので、何らかの振る舞いが背後にあるはずである。本書では「結果」を特に「ある活動の成果」と考え、本書の中で「成果」又は「業績」という語を用いている部分がそれにあたる。ただし、「機能性」と記した箇所もある。

リスクと機会： リスクは、9001 規格 2015 年版の中心的な概念の一つである。ISO 9000 によれば、「不確かさの影響」とあり、「不確かさ」とは、「事象、その結果又はその起こりやすさに関する、情報、理解又は知識に部分的にでも不備がある状態」であり、この場合の「影響」とは、「期待されていることから、好ましい又は好ましくない方向に乖離すること」とある。加えて、「リスクという言葉は、好ましくない結果になる可能性の場合だけに使われることがある」とし、もっぱらこの意味で用いられている。

　「機会」という語は、9001 規格の中にリスクと対のかたちで頻繁に用いられているが、ISO 9000 にも定義はされていない。ISO 9000 に「意図した結果を達成するための好ましい状況...の結果として生じることがある」との表現があるので、一般に考えるチャンスととらえて間違いないが、単に成功するチャンスをいっているのではなく、改善が必要な事柄（リスクの一つ）を発見する機会といった使い方もされているのは、機会が点検による問題点の発見から生まれることを示しており、示唆に富む。

　プロセスアプローチ： 9001 規格は、「プロセスアプローチ」を重視し、規格のごく早い段階でそれについて詳細に述べている。プロセスとは、「相互に関連しあう、又は相互に作用しあう」活動のクラスタであり、あるインプットからアウトプットを生み出す活動の単位とも言える。一般にこの語からイメージする「流れ」という意味合いは弱い。

　一般に、英語で「〇〇アプローチ」というのは、明確な細部の定義がいまだに難しい、又はそれが多様で一概には一般化し難い場合に、「〇〇の視点からの取組み」という意味で使うことが多い。9001 規格は、プロセスアプローチとは、「組織内において、望まれる成果を生み出すために、プロセスを明確にし、その相互関係を把握し、運営管理することと併せて、一連のプロセスをシステムとして適用すること」であると定義している。これも本書で記載する教育の質保証システムのモデルの初期条件の一つとする。これは、「一つのプロセスのアウトプットが、多くの場合、次のプロセスへの直接のインプットになる」ため、プロセスごとにインプット、プロセス、アウトプットの三者の関係を把握することで、各プロセスの effectiveness と

efficiency を評価できるという考えに基づいている。

　この考えは特に学校教育に適している。学校教育では、教育プログラムの体系を構成する科目の授業は実施するそばから消えていくので、教育プログラムの総体そのものを事後に点検・評価することは難しい。したがって、プロセスアプローチでは、各プロセスの質が向上すれば、体系そのものの品質が向上していると推定できるという立場をとる。

　何をもって一つのプロセスと考えるかは、大きくも小さくも定義でき、組織が決めればよい。理屈を言えば、入力に対して系として応答し出力をもたらすものがプロセスである。EQMS では、教育品質マネジメントシステムに必要なプロセスを、いわゆる PDCA に相当する、学務の計画、教育の実施、教育の点検、学務計画の改定の四つのプロセスで構成することとしている。さらに、教育の実施プロセスの中には sub-PDCA を構成する四つのサブプロセスと他のいくつかのサブプロセスがあるが、これについては後述する。

　確実にする： 9001 規格では、例えば「効果的な運用及び管理を『確実にする』」といった表現が随所で使われているが、誤解されやすい。英語の原文を読むと、ensure という語が使われている。したがって、「確実にする」とは、「必ず行う」という意味ではなく、「あることが行われる又はある状態にすることを確実化（担保・保証）する」という意味である。例えば、トップマネジメントが何かを自ら 100%実施するのではなく、それがなされるように制度を確立することなどを意味する。これを理解していないと、だれに実行者としての責任があるか、文脈の誤解が生じてしまう。

　ISO 9001 は、信頼される組織の在り方を記載したものであるから、多くの箇所で、組織を主語として責任の在り処を明確にするために、この語を使わざるを得なかったのだろうが、普通の規則類のように、想定される状態や行為等について「でなければならない」と解釈しても間違いではないと思う。

　その他： 「有効性」とは、effectiveness の訳で、ISO 9000 によれば、計画した活動が実行され、計画した結果が達成された程度をさす。似通った語として、効率性（efficiency）、妥当性（relevance。なお、9001 規格で「妥当性確認」としている時は validation の訳である）などが頻繁に使用されて

いる。差異については、本文中で触れることにする。

「レビュー」とは、設定された目標を達成するための検討対象の適切性、妥当性及び有効性を判定するために行われる活動をさす。似通った語として、検証、妥当性の確認などが頻繁に使用されている。これらの差異についても、本文中で触れることにする。

「integrity」は、9001規格本文の中では珍しく英単語をそのまま付記してある数少ない語の一つで、「完全に整っている状態」という表現に付記されているもので、日本語だけでは分かり難いと考えたのだろう。Integrityとは、integer（整数）とかintegral（一体的な）と同じ語源で、正しく整然とした状態をいう。つまり、システム内部に矛盾のないもの、整合性があるものになっていることを指す。一箇所にしか出てこないが、制度設計の基本的な考え方の一つである。大学教育の質保証システムでも、整合性や一貫性はもっとも基本的な概念の一つである（なお、大学改革支援・学位授与機構の認証評価では、integrityを「誠実性」というまったく異なる意味で使用していることには注意が必要である）。

以上のほか、9001規格の意図と用語の意味と、「品質保証」と「品質マネジメント」が異なる概念であることは十分に理解した上で、本書では、「製品又はサービスの品質マネジメント」の大学教育への読み替えとして「教育の質保証」という表現を用いる。これは、中教審答申や文科省の文書等で、「教育の質のマネジメント」に近い意味でこの言葉が用いられているとともに、すでに大学関係者のあいだでこの語が一般化しているためである。

平成20年度「学士課程」答申に登場した「内部質保証」体制という言葉が、近年改めて頻繁に使われるようになっているが、これも、質のマネジメントに近い概念であることを付記しておく。ただし、筆者はなお、大学教育の世界では、質保証と質のマネジメントの考え方は未分化であり、整理していく必要があると感じている。

1.4 品質マネジメントの原則 ［0.2 品質マネジメントの原則］

9001規格の記載順序の点から見れば少し遅くなったが、品質マネジメント

の原則を紹介する。9001規格独特の用語の説明のあとのほうが理解しやすいと考えて、敢えてここに記載することにした。序文の箇条［0.2］は、原則を以下のように記している。

- 顧客重視
- リーダーシップ
- 人々の積極的参加
- プロセスアプローチ
- 継続的改善
- 客観的事実に基づく意思決定
- 関係性管理

　七つの項目の中で、一読して意味が分かりにくいのは、最後の「関係性管理」だけだろう。ISO 9000 によれば、「密接に関連する利害関係者との関係のマネジメント」と定義され、「提供者及びパートナとのネットワークにおける関係性管理は特に重要である」としている（提供者とは、組織の外部から製品及びサービス又はその一部を提供する者をさす）。大学教育にあてはめれば、高校教育界、地域産業界その他の利害関係者等に加えて、協力協定のある他大学や連携協定を締結している組織や自治体等との適切な関係の管理と維持は、大学教育の質保証が成果をあげるために重要であると読める。

1.5 品質マニュアル

　9001規格では、品質マネジメントシステム (QMS) を組織がどのように実行していくかを明記した、手順書（マニュアル）の作成が推奨されている。ここでいう手順書は、「教育方法の手引書」ではなく、錯綜した規則類や慣行等を整理し、「本学では、こういう目的のためにはこういうやり方をしている」といったことを記載した約束書である。

　手順書は、基本的に9001規格の要求項目の中で組織に該当する項目を網羅して構成するのが普通であるが、規格の序文すなわち 0.1 から 0.4 は、品質管理に関する考え方を述べた部分なので、手順書にはこれらに対応する記

載をする必要はない。ただ、9001規格に取り組む意図を理解し共有するために、序文（第0章といえる）の要点を要約しておくのは有用である。

9001規格に従っても様々な定義が可能なものの共通認識を形成するのは必須である（例えば、大学教育で品質方針にあたるのは教育上の目的であること等）。ISO 9000に定義されているが大学教育現場では一般的ではない語（例えば、規制要求事項等）の大学教育での定義あるいは例示がなされるのが普通である。

大学では普通に使われているが9001規格には読み替えられる語がない用語（例えば、入学、卒業、カリキュラム等）の定義も必要である。

これらの視点から見ると、手順書の記載順序は、大学での教育業務の論理的な流れに沿うのが望ましい。9001規格も、手順書が規格の項番順に書かれることを意図していないとしている。本書は手順書ではないが、この考えに従って書かれている。「どこまで書くか」は、組織の特性によってさまざまであるが、本書の第4章では、手順書に書かれるべき事項と順序にほぼ従い、ISO9001規格に記載されている要求事項を、大学教育の質保証の視点から読み解いてみたい。

1.6 ISO 9000 と ISO 9004

ISO 9001とともにISO 9000ファミリーと呼ばれる、いくつかの規格がある。ISO 9000「品質マネジメントシステムー基本及び用語[13]」とISO 9004「品質マネジメント-組織の品質- 持続的成功を達成するための指針[14]」などである。内容は、それぞれのタイトルが示すとおりであり、前者は用語の定義集、後者は組織の品質に関する規格である。ISO 9000は、本書の中で必要に応じて参照する。ISO 9004は、あとで一節を設けて概略を記す。

2. PDM法とPCM法：体系的計画形成のためのツール

体系的なカリキュラム編成のためのツールとして、PDM (Project Design Matrix) 法と PCM (Project Cycle Management) 法[15)]の採用を提案する。PDM法とは、国際技術協力の分野で定着しているプロジェクト計画・運営

の管理のための標準手法の一つである。スーパーゴール（上位目標）からプロジェクト目標、それを達成するために必要な活動群（プロジェクトコンポーネント）、さらにそれらに必要な投入・投資にブレークダウンしていく表のかたちで、事業計画を策定する。PCM法とは、PDMを形成するための議論・会議の方法である。

上記の手法に加えて、次節で紹介する「DACの評価5項目[16]」のように、開発援助（Official Development Assistance: ODA）の分野で、国際的に広く認められた企画・計画法や評価手法が発達してきている。これは、国際協力の場合、価値観や社会・法制度の異なる複数国の関係者が関与して計画・実施すること、また、プロジェクトが援助国外で実施されるので援助国の国内関係者や国民には見え難いため、明快な論理性と国際的通用性や透明性を担保する必要があるためだと考える。これらの点からも、本書で導入しているこれらの手法は、社会的な説明責任を強く求められるようになった現在の大学に適した手法であると考える。

2.1 PDM法

プロジェクトとは、「ある目的のために、限られた期間・予算・エフォートの枠組みの中で、達成目標を決めて行う取組みの群」と要約できる。

PDM法を計画・運営管理ツールとして採用する理由は、まず、この手法が持っている論理性と一貫性の高さにある。また、教育プログラムの形成と実施には、その成果が表れるまでに少なくとも4年以上の年月を要し、与えられた大学の資源を用いて、手直し等を行いつつ目標を達成するよう運営管理する必要があり、プロジェクト型事業のために開発された手法が適しているとも考える。

本来のPDMは、スーパーゴール（上位目標）の下に、プロジェクト目標を設定し、さらにその下にプロジェクトのコンポーネント、それに対応する活動（Effortの投入）へとbreakdownしていき、横方向にはそれぞれの該当事項の記載、達成指標及び外部要因を示したマトリックスで形成されている（表2を上記の言葉で入れ替えて、想像してみて欲しい）。ただし、表2

は、スタンダードのPDMでは求められる外部要因を記載していない。

EQMSでは、上記の内容を大学教育現場の言葉に入れ替え、表2のような形でカリキュラム編成に適用し、形成されたPDMをカリキュラムPDMと呼ぶ[17]。カリキュラムPDMでは、大学教育のスーパーゴールすなわち上位目標（＝教育上の目的）以下、教育達成目標（＝学位授与の方針）、カリキュラム編成の方針、投入される教育力の4階層に分け、教育達成目標以下の階層では、取組みコンポーネントとそれらの達成指標を定義している。表2に示すように、取組み要素とその達成指標へと、上から階層をジグザグに降りて行くに従い（上位の達成指標から下位の要素が導かれる）、学位授与の方針から、カリキュラム編成の方針、それを達成するために必要な教育コンテンツ、授業科目名が導出される。

われわれが投入できるエフォート（教育力）は、基本的に教員及び教育支援者である事務職員等が持っている力量である。それに従い、最下位の投入される教育力の取組み要素では、身に付けて欲しい知識・技能、教えるべき事項（教える方法を含む場合もある）のキーワードが列挙される。ある程度の数のキーワードの括りを授業科目とし、最終的に授業科目名を与える。

スーパーゴールから論理的に導出された最終的な結果として科目名が生まれてくる本手法は、ややもすると教員の専門分野や得意分野から授業科目名が挙げられ、その内容は教員個々人に任されるという従来型のカリキュラム

表2　カリキュラム編成に利用するPDMの構造

階　層	策定するべき取組みの要素	達成指標
スーパーゴール	人材養成目的（教育上の目的）	
教育達成目標	教育上の目的の達成点と考えられる知識・技能・態度・志向性などの定義（学位授与の方針）	左記要素の期待される目標
カリキュラム編成の方針	上記の知識・技能・態度・志向性の獲得のためのカリキュラム編成	左記要素の期待される目標
投入される教育力	上記に必要な科目で修得すべき内容	（科目名）

編成と根本的に異なっており、カリキュラムの組織的かつ体系的な編成を可能にする手法である。

なお、ISO9001の旧版では、製品の開発・設計（カリキュラム編成に相当する）は、それを実施する方法も明確に定義されていなければならないとしていたが、そこで求められる論理性もカリキュラムPDMは満たしている。

カリキュラムPDMで外部要因を記載しないことにしたのは、大学の運営は、学則以下の規則類に則っている限り、外部規制要因である学教法や設置基準等を満たすようにできており、また、大学組織内部での取組みであるため、教育の制限要因である保有施設・設備などについては、大学構成員にとっては既知・周知のことであるため、敢えて書く必要は少ないと考えるからである。ただし、大学教育の動向に関する情報を共有した上で、この作業を進める枠組みを与えるのは不可欠であり、9001規格はこれをトップマネジメントの責務としている。

2.2 PCM法

PCM法とは、国際協力機構(JICA)等の国際協力機関が推進している計画立案の手法で[15]、PDMの導出に用いられる。Project Cycle Managementの略である。特に、参加を促進しやすい手法として知られており、十分な意見交換を通した合意形成を大切にする大学文化に適している。なお、これも本書では、オリジナルの手法から若干変形して利用している。

PCM分析は、PCM Workshopと呼ばれる独特の会議法で実施される（図3）。PCM Workshopでは、まずスーパーゴールを掲げ、これが達成されない原因（理由す

図3　PCM Workshopのスナップ

なわち問題点）を、参加者に自由にカードに記入し、提案して貰う（壁紙に張り付けていく）。ファシリテータはいるが、議長はおかないので、会議が少数者によってモノポライズされることが少ない。提案は個々人の自由な発想によるので、飛躍や思い違いもあるが、基本的には否定や拒否はしない。

　原因・問題点の理由もまた問題点（negativeな要因）であるため、カードの内容はすべて問題点になる。問題点の理由は、一つであることも複数存在することもある。これらを、議論を通じて整理し、各問題点の理由（各理由の理由である問題点）が下に来るように配置していき、問題分析の逆ツリーを形成する（図4）。筆者は、この過程をNegative Analysisと呼んでいる。

　次に、カードの記載をすべてそれら問題が解決された状態に変換していく。問題点の解決法を考えるのではなく、単純に解決された状態に変換するのがポイントである。例えば、Negative Analysisでの「職員の訓練が行われていない」には、訓練が行われるよう対策を考えるのではなく、単純に「訓練が行われる」と変換する。筆者はこれをPositive Analysisと呼んでいる。

　Negative Analysisの深化が十分であれば、Positive Analysisの最下層は、

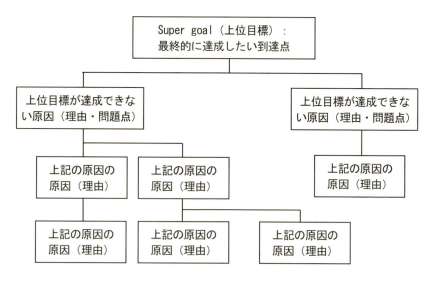

図4　PCM (Negative Analysis)の構成

すべて具体的な行動を示すカードになる。もしそうでなければ、Negative Analysis に戻って、分析を深める（さらに下位の原因を追究する）。こうすることによって、最下層に並ぶカードに記載された行動によって、最上位のスーパーゴール達成への論理的道筋が示されることになる。これらをマトリックス化することで PDM が得られる。

　実は、このようにカードを用いる会議、議論の方法はたくさんある。カードに記載された内容を似通った群にまとめたり、対立する 2 群に分けたりなど、さまざまである。PCM 法の固有の特徴は、さまざまな問題点の因果関係の分析を逆ツリーのかたちに整理することで、PDM 法という行動（課題解決）計画策定に直結している点にある。

　PCM 法による PDM 作成を大学のカリキュラムの体系的な編成に応用することで、教育上の目的（スーパーゴール）を達成するには、どのような能力を身に付けさせればいいか（学位授与の方針）、学位授与の方針を達成するには、どのような「カリキュラム編成の方針」の下で、何を教えればいいかが導出される。

　この手法は、カリキュラムを白紙の状態としてカリキュラム全体を考えるのにも利用できるが、特に力を発揮するのは、改善案を考えるときである。例えば、学位授与の方針で「豊かな教養を身に付けている」としていながら、これが達成できていないと判断される場合には、スーパーゴールの位置に「豊かな教養を身に付けている」を置き、これを達成できていない理由を PCM 法を用いて議論・分析することで、改善案が得られる。PCM 法は、9001 規格が提唱しているリスク・機会の洗い出しの手法であるともいえる。

　筆者は、この PCM から PDM を形成する手法を、専門である発展途上国における沿岸漁業開発・管理の問題点分析と解決策形成に関する国際研修で 20 年以上にわたって改良しつつ使用してきた。研修員がこの手法で作成したプロジェクト案の多くが、彼らの帰国後、彼らの国の政府や所属組織によって採用され実施されてきた。この手法の有効性を示すものとして、自信を持っている。

　プロジェクト形成計画では、必要な資源（施設、人的資源、予算）の有無の分析やプロジェクトスケジュール（ロードマップ）作成を行い、必要な資

源の投入計画まで作成することにしている。9001規格がいう必要な資源の提供の計画である。

なお、プロジェクト形成で、スーパーゴールをきわめて高いレベルに設定してPCM法に取り組んだ場合は、上記のPositive Analysisはきわめて広範囲なものとなり、すべてに同時に取り組むのは、予算や時間的な制約から難しいので、緊急の措置が必要なものや最大の効果が得られるコンポーネントを選ぶことにしている。すなわち、リスク・機会を考慮したプロジェクトコンポーネントの選定である。

大学は、学生に対して問題発見、問題解決能力を身に着けることの重要性を日頃から説いている。同じことが、大学運営にもいえる。大学・学部の教育上の目的を達成するために、その障碍となっている問題点をまず明らかにし、次いでその問題点を克服するために必要な改革に取り組むという発想が必要である。大学では従来、個々人の「信念」に基づき、「○○すべきである」といった議論が行われてきたきらいがあるが、問題発見、問題解決型のアプローチの視点から見れば、関係者間の共通認識の形成度は弱いと言わざるを得ない。

3. DACの評価5項目

限られた資源を用いて教育改善を行っていく取組みに対する点検・評価の規準として、1991年にDACが提唱した「評価5項目」も有効である。DACとは、経済協力開発機構(Organisation for Economic Co-operation and Development: OECD)の開発援助委員会(Development Assistance Committee: DAC)のことで、DACが1991年に発表した、OECD諸国による発展途上国への援助事業に対する評価のために策定した「DAC 評価原則16)」の中で提唱されたものである。

DACの評価5項目とは、「妥当性」、「有効性」、「効率性」、「影響」、「持続性」を指す。

これらの評価項目は、国際援助事業に限らず、多くのプロジェクト型業務の評価に適用可能であり、きわめてコンパクトで使いやすい。もちろん、こ

れらの項目はISO 9001の中心的な概念でもあるので、議論が混乱した場合などに、常に立ち返って考える時の視点となり得る。

本書では、DACの評価5項目を基準・規範として直接適用してはいないが、大学の教育の質の改善に向けた取組みを考えるに際し、常に根底に据えていなければならないところを明らかにしていると考え、ここに記載する。

もともと開発援助の評価の原則としたもので、そのための用語で書かれているので、一部の語を一般的なものに書き直して翻訳すると、以下のようになる。なお、使われている用語の定義は、既述の二つのツールとは少し違っていることに留意していただきたい。

a) 妥当性 (Relevance)：　事業の目的・目標が、受益者の要求、社会のニーズ、社会全体の優先度及び関係者や事業者の施策と整合している程度
b) 有効性 (Effectiveness)：　事業の目標が実際に達成された、又は目標の相対的な重要度も勘案しつつ達成されると見込まれる度合い
c) 効率性 (Efficiency)：　資源及び／又は投入（資金、人材、時間など）がいかに経済的に結果に繋がったかの尺度
d) 影響 (Impacts)：　事業によって、直接又は間接的に、意図的又は非意図的に生みだされた、肯定的、否定的及び一次的、二次的な長期的影響
e) 持続性 (Sustainability)：　事業終了後の、事業から得られた便益の持続性。長期的便益が継続する蓋然性。時間の経過に伴う全便益に関するリスクに対する対抗力（レジリアンス）。

これらを、教育の質保証に対する取組みに書き換えると、表3のようにまとめることができる。

表3 DACの評価5項目に従った教育の質保証制度及び教育プログラムの評価のための観点

評価項目	評価の観点
1) 妥当性	・取組みは、大学をめぐる状況及び社会的ニーズに合致しているか。 ・教育上の目的とその下での目標・計画は、整合しているか。
2) 有効性	・教育上の目的その他のポリシーに関する事項が達成されたか。達成できると見込まれるか。
3) 効率性	・教職員及び施設、設備等の配置は合理的に成果に繋がっているか。
4) 影響	・教育上の目的の達成に対する、教育の質保証制度及び教育プログラムの貢献度及び生み出される便益 ・教育の質保証制度及び教育プログラムにより生じ得るリスク
5) 持続性	・教育の質保証制度の持続性はあるか。 ・教育プログラムの成果の持続性はあるか。 ・大学をめぐる状況や法令の変更へのレジリアンスはあるか。

第3章　大学教育の質保証システム

1. 日本の大学における教育の質保証制度

　日本の大学における教育の質保証システムは、学教法 [18]、同施行規則 [19]、設置基準 [20]、認証評価制度 [21]に基づいたものになっていなければならない。大学の管理・運営制度にあまり慣れていない読者のために、まずシステムに求められる制度上の構造についておさらいする。

　大学そのものの目的は、学教法で定められている。個々の大学は自らの目的を定めることが学教法で求められており、個々の大学はその目的を、上記の、学教法が規定する大学の目的に沿って、学則等に定めるのが通例である。また、設置基準で、「大学は、学部、学科又は課程ごとに、人材の養成に関する目的その他の教育研究上の目的を学則等に定める」ことが定められている。一般に、「教育研究上の目的」と呼ばれる。

　学教法施行規則は、「（各）大学は、当該大学、学部又は学科．．．ごとに、その教育上の目的を踏まえて」、卒業の認定に関する方針（＝学位授与の方針）、教育課程の編成及び実施に関する方針、入学者の受入れに関する方針を定めるものとしている。一般に、学位授与の方針 (Diploma Policy: DP)、教育課程（カリキュラム）編成の方針 (Curriculum Policy: CP)、入学者受入れの方針 (Admission Policy: AP) と略称され、まとめて「三つのポリシー」と呼ばれている。

　教育課程の編成及び実施に関する方針は、卒業の認定に関する方針との一貫性が確保されていなければならない。このことは、学教法施行規則の「認証評価その他」の節に規定されているものなので、認証評価は、これに沿って評価を行っている。

　さらに、設置基準は、教育課程は、大学、学部及び学科の教育上の目的を達成するために体系的に編成しなければならないとしている。

　認証評価で点検・評価すべき事項は、文科省令 [21]に定められているが、具

体的な内容の記載は、評価機関によって少しずつ異なっている。大学改革支援・学位授与機構は、その認証評価(いわゆる第Ⅲ期。以下同じ。)でいう「大学等の目的」とは、「大学、学部、学科ごとに定められた人材の養成に関する目的その他の教育研究上の目的[22]」をいうとしている。

一方、高等教育評価機構は、「使命・目的」を置き、「建学の精神等を踏まえた大学の将来像又は達成しようとする社会的使命・目的[23]」(教育研究、社会貢献などの使命・目的)と規定している。また、教育上の目的を「教育プログラムごとの人材養成に関する目的」としている。

両者がいう「大学等の目的」と「教育プログラムごとの目的」は、それらの説明から、設置基準が定める「教育研究上の目的」(又はその一部)である。こうしてみると、高等教育評価機構の場合、「使命・目的」があり、階層が一段階多い。国立大学が受審することが多い学位授与機構の場合、国立大学の目的は国立大学法人法[24]に定められているが、高等教育評価機構の場合、私立大学が受審することが多いため、建学の精神等のもとに大学ごとの社会的使命・目的を定める必要があるためだろう。

ただし、国立大学の法人化以降、国立大学協会[25]等や中教審答申[4]が、「国立大学の使命・役割」という表現で少し詳しく記したり、個々の大学が憲章や理念を定めるようになっている。これは、国立大学法人法の定義が簡単に過ぎるために、こういったものが必要になったのだろう。

私立大学を例にすると、建学の精神から教育課程編成の方針までは図5のような構造になる。図中の三つのポリシーの関係については、異なる解釈があるだろう。すなわち、入学者受入れ方針は教育課程編成の方針の下に形成されるという考えである。この導出作業を経験した方なら分かると思うが、学力中心の選抜を行う大学では、入学後の学修に必要な学力を求めるために、入学者受入れ方針はカリキュラムをベースに考えることになる。一方、多くの私立大学が行っているような、スポーツやボランティア歴その他をもとにした AO 入試・推薦入試も含めて多様な学生を受け入れようとする場合は、入学者受入れ方針は態度や志向性とも関連付けられる。したがって、それら

第3章 大学教育の質保証システム

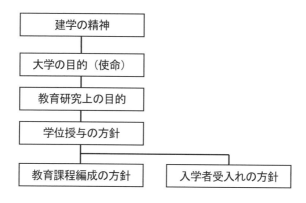

図5 日本の大学教育の質保証のためのポリシー等の枠組み

を含む学位授与の方針の下で入学者受入れ方針を策定するのが合理的であるため、図5のような解釈となる。

2. 教育の質のマネジメントシステム（Education Quality Management System: EQMS）

2.1 EQMSモデル構築の出発点

　本書は、大学がその存立の目的や方向性を設定し、それに基づいて自ら何をして行きたいかを定め、その有効性を、国際的通用性の一つとしてビジネスの世界では常識ともなっている9001規格を満たしているか否かで確認する、そういった学務のマネジメントシステムを構築するモデル（Education Quality Management System: EQMS [17]）を提示する。このモデルは、筆者の鹿児島大学水産学部及び志學館大学での、ISO 9001を基礎にした教育の質保証制度の整備に取り組んだ経験を整理し直して得られたもので、示している事項の大部分は実際の実施例に基づくものである。

　EQMSでは、責任ある大学に求められる活動とは何かを明確にするとともに、大学の社会的責任と有効性の両者を満たす最適のバランスを追及することを基本姿勢とする。

　9001規格を利用して大学教育の質をマネジメントする場合に、ごく少数で

49

はあるが、経験的に得られた前提条件がある。大学が、(1) 学長等の責務の明確化と組織としての意思と方針の明示、(2) 組織による体系的な教育の提供、(3) 資源の最適な提供、(4) 大学の責任による教育の質保証の実施、(5) 教育及びその質保証システムのモニタリングの実施とその分析結果の方針へのフィードバックのサイクル、といった組織特性をよしとする考えを持っていることである。ISO9004 が提唱する組織の文化といえる。

9001 規格に従えば、品質マネジメントシステムは、「品質方針（教育上の目的）と 9001 規格を満たす」ものでなければならず、それらが整合性があるものになっていなければならない。EQMS の特徴の一つは、この整合性を PDM を利用して担保する点にある。

このモデルは、既存の大学運営制度に 9001 規格を上積みしようとするものではない。組織がすでに持っている制度とこれから構築しようとしている制度が、9001 規格を満たしていればそれでいいし、足りないところがあれば、それらが浮き彫りにされる。

繰り返しになるが、本書は、教育の質にも当然触れることになるが、教育の質のマネジメントを主題としている。これは、品質管理システムが有効に機能している場合は、製品品質は確保される蓋然性が高いという、品質マネジメントの考えに基づいている。

2.2 EQMS モデルの考え方

EQMS が扱うのは、学務であり、その要点は、(1) 教育課程の体系的編成と継続的改善のための学務システムを構築する、(2) 教育プログラムと資源の投入・投資の管理・運営の最適化が図られる学務制度にする、(3) 事実に基づいた学務運営を目指すことにある。

特に次章を読んでいただくにあたって、何を実現したいために、わざわざ学務のマネジメントを ISO 9001 の視点から見直すのかを理解して貰うには、筆者が求める学務マネジメントとはどのようなものであるかを説明しておく必要があると考えて、この節を置く。

(1) 教育課程の体系的編成

　教育課程の体系的な編成を担保することを、目的の柱として据える。本章第1節で示したように、建学の精神や使命、教育研究上の目的を実現するために、もっとも誠実で合目的な教育プログラムの実現を、大学という組織の行動及び判断の基礎とする。

　学務の整合性あるいは一貫性、先に説明した integrity は、EQMS で実現しようとしている最大のテーマの一つである。近年、特に三つのポリシーを軸にした、教育プログラムの計画から改善に至る一貫性が提唱されているが、大学は、授業科目の教育の内容、教育方法、成績評価等を担当教員に任せ切りにするという従来の慣行から抜け出せないまま、学位授与の方針等を外形的に整えることに留まっているという面がある。教育プログラムとカリキュラムの体系的な編成を組織として実現しようとするのが、EQMS がもっとも基礎に置く考えである。

(2) 統合型学務マネジメント：資源投入のマネジメント

　ここまで学務という言葉を度々用いてきた。カリキュラムや授業、単位付与、入学、卒業などの業務を指す「教務」に対し、教育を実施するために必要な教員配置、施設利用、教育関係予算など（ISO9001 がいう「基盤」）を含む幅広い概念として用いている。カリキュラムを継続的に改善していくには、教職員、施設、予算といった運営資源の投入が必要な時に機動的に改編できることが不可欠であり、EQMS では、これを担保する制度を統合型学務管理と呼ぶ。

　大学教育では、教育プログラムを計画・実施するのに、自ら保有する資源の利用に多くを依存してきた。このため、資源投入の機動化は不可欠であり、EQMS では資源利用の最適化を重視する。

　日本の大学では、第一段落に列挙した三つの運営資源の利用は、従来きわめて固定的に運営されてきた。例えば、教員配置は学科制度等と連動し、つい最近までは大学、学部が自由に変えることはできなかった。国立大学では、法人化以降ようやく、公務員時代以来の定員管理という考え方が廃止される

とともに、平成 19 年度の設置基準の改正により自由な教員組織を置くことが可能になり、設置基準が定めているいくつかの基礎的条件を満たしている限り、自主的に人員配置ができるようになった。

EQMS では、教員組織を、教育プログラムを支える教員のグループと定義し、カリキュラムの改訂に従い、教員配置も機動的に変更できるような制度としている。(これはごく最近提唱され始めた、大学の基本組織にとらわれない教育プログラムの柔軟化といった考えよりさらに一歩踏み込んだ考え方であると考えている)。

施設スペースの利用や予算配分に関しても、従来は学科・講座制等と連動して固定的に運用されてきた。この点でも、施設利用が学生にとって平等になるようにすること(「スペースマネジメント」と呼んでいる)、予算を学生教育の実績(一般に ST 比と呼ばれる)に従って配分するなど、資源投入の機動化、流動化を最大限に追及する制度を原則とすることとしている。

(3) 就職先企業や社会のニーズと期待の重視

大学教育は、公益的なものであると考える。社会的な責任を果たすことを、いま一つの基本姿勢とする。社会のニーズと期待に応える教育プログラムを提供することを第一義的な任務と考える。

教育達成目標(学位授与の方針)は、卒業生の就職先の分析並びに修得した能力の過不足に関する近年の卒業生の意見及び就職先企業の意見を聴いて策定することとする。卒業生を採用している企業や産業界をエンドユーザとみなし、これらのニーズ及び期待の調査も重視する。これらの調査では、大学の学位授与の方針に列挙され、大学が学生に習得させたいと考えている能力を必要と考えるか否かを問い、その結果を蓄積して分析し、数年に一度程度、学位授与の方針の妥当性をレビューする。教育達成目標に変更があれば、PDM 法により、授業科目のコンテンツの変更さらには授業科目の統廃合や新設にも繋がる。

このように、EQMS システムは教育プログラムを社会的ニーズと期待に関する調査及び分析結果を元に組織的かつ継続的に検討を加えて行くことを制

度的に担保することを目指す。教育プログラムの継続的改善の判断の基礎をこれらの調査資料に求めるのは、大学運営の意思決定を科学的資料に基づいて行おうとしているからである。筆者は、EQMS に初めて取り組んだ平成16年頃から、この考えを大学運営の基本に据えてきたが、近年 IR として強調されるようになっている。品質マネジメントの原則にある「客観的事実に基づく意思決定」とも一致する。

　学生がどのような分野に就職するかは学生の意思によるものであり、それに至るまでに受けた教育の満足度は大学には判定できないとの意見もある。しかし、大学としてその教育上の目的と目標を明示し、入学者受入れの方針を示して学生を受け入れている以上、卒業生がこれらに沿った進路（就職）に進むのに適した能力を獲得できるようにするのが、学生満足の指標としてもっとも合理的である。明示した目的・目標に向けて、本来公的資産という性格が強い大学の活動の最適化を図るのは、教育機関の社会的責任でもある。

第4章　ISO 9001 からみた大学教育の質保証システム

本章では、これまでに記した考えを基に、ISO 9001 規格が定義している品質マネジメントを教育の質保証にいかに取り込んでいけるかを考察する。

1. 目的、適用対象及び用語

本書が提唱する大学教育の質保証システム（EQMS）では、ISO 9001 を物差しとして大学教育を考察するにあたって、「製品又はサービス」は、学生が在学中に修得する教育の体系であるとすることはすでに述べた。

「品質」を教育の質と定義すると、第2章第2.1節で「大学教育のスーパーゴール（＝教育上の目的）」と呼んだものは、内容と階層構造の両方の点で、品質方針に相当し、「教育達成目標（＝学位授与の方針）」と呼んだものは、品質目標に相当する。これらの解釈は、ISO 9001 を大学教育に適用する際の出発点なので、ここでもう一度確認しておく。

以下の記述は、9001 規格の項番順ではなく、大学教育が内在的に持っている論理や教育の計画と実施の流れに沿って書かれている。必ずしも 9001 規格のすべてを扱っているわけではなく、大学教育に該当する事項がない規格やユーザが特に留意する必要がない部分等には触れていない。

9001 規格の原文を示すのは、基本的な定義が重要な一部の箇条に限り、多くのところでは、原文を大学教育にあてはめた場合に何を指すかを記載する方法を採っている。ただし、章・節等の表題の後に、内容に対応する 9001 規格の箇条を括弧付きで示し、対応関係を分かりやすくした。

1.1 教育の質保証システムの目的 ［1 適用範囲、0.1 一般］

目的： ISO9001 規格が箇条 [1] に示す二つの目的のうちの一つを、大学教育に合わせて書き下すと、「この学務システムは、教育の質保証システムを効果的に運用することによって継続的に改善し、学生満足を向上させることを目的とする」となる。

第4章 ISO 9001 からみた大学教育の質保証システム

　箇条［0.1］に、「品質マネジメントシステムについての要求事項は、製品及びサービスに関する要求事項を補完するものである」との記載がある。すなわち、基本的に、目指すのは製品及びサービスの品質である。大学の場合に換言すれば、製品品質とは教育の質であり、システムの品質とは大学が持っている学務マネジメント制度の質である。教育の質保証システムは、教育プログラムの質の向上のためにある支援制度であるというのが基本である。両者の区別は大切である。

　得られる便益： 9001 規格は、序文の冒頭すなわち箇条［0.1 一般］で、品質マネジメントシステムは、「パフォーマンス全体を改善し、持続可能な発展への取組みのための安定した基盤を提供するのに役立ち得る」としている。また、品質マネジメントに取り組むことで得られる可能性がある便益について、箇条［0.1］は、以下のように記している。

> a) 顧客要求事項及び適用される法令・規制要求事項を満たした製品及びサービスを一貫して提供できる。
> b) 顧客満足を向上させる機会を増やす。
> c) 組織の状況及び目標に関連したリスク及び機会に取り組む。
> d) 規定された品質マネジメントシステム要求事項への適合を実証できる。

　これらは、別言すれば、何のために品質マネジメントに取り組むかということである。列挙されたものを少し大胆に大学にあてはめれば、a) 学生に約束したこと及び法令等を満たした教育プログラムを提供できる、b) 学生満足を向上する、c) 大学をめぐる状況を把握し、目標達成の上でのリスクを低減し機会を得る、d) 教育の質保証システムの実施の程度を把握できる、となる。a 号と d 号はコンプライアンス型の便益、b 号と c 号は成果型の便益といえる。

　箇条［0.1］は、この規格が「品質マネジメントシステムの構造の画一化」、「文書類をこの規格の箇条の構造と一致させる」、「この規格の特定の用語を組織内で使用する」ことを意図したものではないとしている。

1.2 適用対象と適用条項 ［附属書 A.5 適用可能性］

9001 規格はあらゆる組織に適用できることを意図しているので、組織は、その活動の中のどこを規格に従ったマネジメントの対象とするのかを自ら決定できる。EQMS は、規格の適用範囲を、学士課程学生を対象とした教育活動とする。適用する部署には、教員組織ばかりでなく事務部門等も含む。本書の主題である「教育の質保証」を扱うために、上のような限定の中で以下の記述を進めていく。

9001 規格の要求事項には、業種、業態によっては、適用するのが不可能や適当とはいえない条項もある。ユーザは、規格の中で自分たちに適用する箇条を自ら決めることができる。ただし、9001 規格［附属書 A.5 適用可能性］は、適用しないとできるのは、「製品及びサービスの適合が達成されないという結果を招かない場合に限る」としている。すなわち、組織の責任に悪影響がない場合に限る。

例えば、製品の「保存」に関する箇条［8.5.4］がある。製品を、完成から指定納入先への引渡しまでのあいだは製品を適切に保存・管理しなければならないという、製造業ではあたり前の規定であるが、教育は実施の瞬間が顧客への引き渡しにあたり、保存すべき時間はない。これなどは、教育の場合、適用除外とするのが適当な典型的な例である。

1.3 教育の質保証システムの用語

本書の記述で頻繁に使用している、大学教育関係者には日常用語ともいえる言葉について、9001 規格のどの語の読み替えと考えるかについて記す。

学長又は学長を含む運営組織：9001 箇条［5 リーダーシップ］に表れるトップマネジメントを、ISO 9000 は、「最高位で組織を指揮し、管理する個人又はグループ」と定義している。大学では、学長又は学長を中心とする大学の運営組織（以下「学長等」という。）が大学の管理運営に責任を持つ制度が普通なので、これをトップマネジメントとする（本章第 3 節以下に表れる教育プログラムの編成から改善までの業務では、学部長又は学部長を中心とする学部の運営組織に置き換えると理解しやすい）。

第4章　ISO 9001からみた大学教育の質保証システム

学生：9001規格の顧客（customer）に該当する。EQMSでは、基本的に、学士課程に入学し4年間在学するいわゆる正規学生を対象とする。

　この定義には、感情的な違和感があるかもしれない。「学生は顧客といったものではなく、大学あるいは教職員にとってもっと親密な存在である」といった声を聞くことがある。あくまでも、9001規格の中心的な用語である「顧客」を大学にあてはめると「学生」になるという意味であり、また、そう見るとさまざまな新しい視点が得られるということを理解していただきたい。

教育プログラム：大学の教育上の目的及び学位授与の方針を達成するための、学生への教育の提供の総体を指し、9001規格の「製品及びサービス」のサービスに該当する。「教育」とだけいうと、きわめて概念的でさまざまな意味を持ちえるので、本書では、教育の具体的な実行・提供という意味で教育プログラムと呼ぶ。

　これについても、「教育はサービス業ではない」との声を聞くことがあるが、serviceという英単語が本来持っている意味での9001規格の定義に従った語法であることを理解していただきたい。

教育上の目的と学位授与の方針：それぞれ、9001箇条［5.2 方針］に含まれる「品質方針」、［6.2 品質目標及びそれを達成するための計画策定］に含まれる「品質目標」にあたる。後者は、EQMSの説明では「教育達成目標」とも書いており、そのほうが9001規格の読み替えという点では分かりやすいが、これを意味する現在の大学教育界の用語である「学位授与の方針」を用いる。

カリキュラム、カリキュラム編成及びカリキュラムPDM：カリキュラム（教育課程）とは、開講授業科目とそれらのコンテンツ、開講期、学部や学科ごとに推奨される履修モデル等を含む教育計画の総称であり、9001箇条［8.3.5 設計・開発からのアウトプット］に相当する。したがって、カリキュラム編成は、箇条［8.3 製品及びサービスの設計・開発］に相当する。

　カリキュラムPDMは、PDM法に従い、スーパーゴール（上位目標）としての教育上の目的から、学位授与の方針、教育課程編成の方針、教育プロ

グラムの実施内容を明示した教育プログラムの計画文書である（表2）。PDMの性格から、カリキュラム編成プロセスの手順と論理を示しているものでもあり、箇条［8.3.2 設計・開発の計画］にあたる。

シラバス： 現在は大学教育ですっかり一般的になった言葉である。本書では、カリキュラムPDMから導かれ、作成された、授業科目のコンテンツ、到達目標及び実施手順等を記載した文書とし、EQMSのsub-PDCAの中の個々の授業科目の場合の「設計・開発からのアウトプット」にあたる。

なお、このように、カリキュラム全体の教育と各授業科目の教育に、9001規格のほぼ同じ項番が二度使われているのは、EQMSが大小二つのPDCAを設定しているためである。

授業： シラバスに従った授業科目ごとの教育の実施を指し、9001箇条［8.5 製造及びサービス提供］のサービス提供に該当する。

なお、本書には授業科目という語が頻繁に使われている。これは、いわゆる「科目」についての大学教育界での正式呼称で、授業とは異なる。

2. 大学のガバナンス

前節までで、前提条件となる基本的な条項の説明を終わり、ここからは、大学の教育の質保証システムが具備すべき要件について、ISO 9001の箇条と照らし合わせながら考えていく。

2.1 組織の意志と学長等の責務及びコミットメント［5.1 リーダーシップ及びコミットメント］

近年、学長のガバナンスが強調されている。一部で、この言葉は誤解されている。これは、学長の専決事項を増やすということではなく、学長等の責務の明確化とその実現のための制度的担保を意味していると考える。

9001規格は、三つの計画を記載している。枠組みとして大きなほうから順に、品質マネジメントシステムの計画（箇条［6］）、運用（サービスの実現）の計画（箇条［8.1］）、設計・開発の計画（箇条［7.3.1］）である。

第4章 ISO 9001 からみた大学教育の質保証システム

　品質マネジメントシステムの計画とは、トップマネジメントと組織が品質保証のために構築すべき組織と制度の設計である。運用の計画とは、その制度の下で、サービスの提供全体の枠組みを規定するものである。設計・開発の計画とは、サービスの特性の実現に関する計画である。この節では、上記の最初の計画、すなわち教育の質保証システム構築の計画のための学長等の責務は何かを考える。

　トップマネジメントのリーダーシップとコミットメントは、9001 規格では一つの章を構成するほど重視されており、これをいわゆる PDCA 全体の上位に置いていることの意味は重要である（図1；なお、JIS Q 9001: 2015 の付図では PDCA 円の中心に置いているが、意味するところは同じである）。

　9001 箇条［5.1 リーダーシップ及びコミットメント］は、トップマネジメントは「リーダーシップ及びコミットメントを実証しなければならない」としているので、それらを行う権限が制度的に確立されていなければならない。コミットメントの意味は英語でもきわめて多様でやや分かり難いが、「責任ある関与」と考えて間違いないだろう。

　以下に、トップマネジメントのリーダーシップとコミットメントが必要なことについて、規格に示されている事項を 2 群に分けて記す。

　直接の責務：　まず第 1 群は、トップマネジメントが直接行う責務があると読み取れる事項である。なお、9001 規格がこれらを以下のように列挙しているわけではない。トップマネジメントが主語である記載を規格全体の各所から集めてきたものである（各号末に引用した箇条を示してある）。「確実にする」との表現についてはすでに説明したが、下記の事項には、「確実にする」が使われていない（後述の第 2 群には使われている）。

a) 顧客重視に必要な取組み［5.1.2］
b) 品質マネジメントシステムの有効性の説明責任 (accountability)［5.1.1］
c) 品質方針の確立［5.1.1、5.2.1］
d) プロセスアプローチ及びリスクに基づく考え方の利用の促進［5.1.1］
e) 品質マネジメントシステム及びそこで定めた事項に適合することの重要性の伝達［5.1.1］

> f) 品質マネジメントシステムの有効性に向けた人々の積極的な参加の促進と指揮・支援 [5.1.1]
> g) 改善の促進 [5.1.1]
> h) 管理層の各責任領域におけるリーダーシップ発揮の支援 [5.1.1]
> i) 品質マネジメントシステムのレビュー [9.3]

　a 号は学生重視にあたる重要事項で、独立した一つの箇条 [5.1.2 顧客重視] が割り当てられている。「学生重視」が意味するところは、従来大学ではあまり意識されてこなかった高いレベルの事項であることを真に理解しかつ実行することが、ここでの趣旨である。本章第 2.2 節で詳述する。

　c 号の品質方針は、大学では「教育上の目的」とする。h 号に含まれる「支援」という言葉は、基盤を与えることを意味し、9001 規格では人員と施設、環境等まで含むきわめて広い概念なので、それらを整えることと解釈する。i 号は、ここと次項に示された学長等のリーダーシップ事項について実施と維持の状態をレビューしなければならないという意味である。本章の後半で、点検及び改善との関連で詳述する。

　これらの大学教育での意味を要約すると、a) 学生重視、b) 教育の質保証システムに関する説明責任、c) 教育上の目的の確立、e) 教育の質保証システムとそれに適合することの重要性の周知と理解の浸透、f) 教育の質保証システムの実質化への教職員の積極的な参加の促進、g) 改善の促進、h) 管理層が責任を果たせる基盤作り、i) 教育の質保証システムそのものの継続的なレビュー、となる。すべて、学長等の直接の責務である。

　大学の組織の特徴の一つは、学長から助教等の若手教員までの学歴・立場等の差が小さい比較的フラットな組織である点にある。裾が広く高さが低いピラミッドのようなモデルを考えればよい。構成員の緩やかな合意形成を重視するのも「大学文化」である。つまり、大学には、e 号と f 号にあるような、伝達・周知や人々の参画を促しやすい素地がある。ただし一方では、真に合意形成がなされるまでは、個々人の理解の差が制度内でも残ってしまいやすいという傾向もある。

第4章 ISO 9001からみた大学教育の質保証システム

「確実にする」べきこと： 以下に示す第2群の5項目は、9001規格の英語原文での動詞が「確実にする (ensure)」となっている事項である。したがって、例えば「設定されることを確実にする」であれば、自ら設定しなくても、設定されるような体制を確立することが学長等の任務である。

> a) 品質方針及び品質目標と組織の状況及び戦略的な方向性の両立 [5.1.1]
> b) 組織の事業プロセスへの品質マネジメントシステム要求事項の統合 [5.1.1]
> c) 品質マネジメントシステムに必要な資源の利用可能化 [5.1.1]
> d) 責任及び権限の割り当て及びそれの組織内への伝達と理解 [5.3]
> e) 品質マネジメントシステムが意図した結果の達成 [5.1.1]

つまり、品質方針と品質目標の戦略な方向性との整合性や資源利用に関しては、体制を整えるのが責任であると読める。体制を整えるというのは、大学であれば、学長等が委員会を設置したり、より下位の委員会等に権限移譲しながら大方針の下に運営するといった、大学では伝統的な制度にあたる。上記のような重要事項を審議する委員会に学長や学部長が関与する権限がないか、情報が伝わって来ないような分散型の運営組織になっている場合は、9001規格の視点からは、責任ある制度とはいえない。

トップマネジメントの責務を強調することが、上意下達や硬直化した組織運営に陥るとの批判がままあるが、あたっていない。教育の質保証は、学長等以下の管理層とすべての教職員の積極的参加によって可能になるものであり、トップダウンかボトムアップかという議論は不毛である。

説明責任： 説明責任 (accountability) は、現代社会のどのような組織にとってもきわめて重要な事項である。9001箇条 [5.1 リーダーシップ及びコミットメント] は、トップマネジメントが「品質マネジメントシステムの有効性に説明責任を負う」としているだけであるが、これは「実証しなければならない」としているので、それが制度的に確立していることが明示されていることが必要だろう。

ISO 9000 は、「（構成員）に対し、説明責任 (accountability) を意識して

行動するために必要な、資源、教育・訓練及び権限を与える」としており、組織全体として説明責任を意識することを求めている。

組織（製品・サービスではなく）の品質を論じた ISO 9004 規格は、説明責任を組織の文化の文脈で扱っている。これらを総合すると、組織の説明責任を持つという大学文化の形成を進めることが、学長等のリーダーシップに係る事項であるといえる。

2.2 学生との約束の重視 ［5.1.2 顧客重視］

顧客すなわち学生を重視するということは当然のことである。ISO 9000 の定義では、その意味するところは、「顧客の要求事項を満たすこと及び顧客の期待を超える努力をすること」である。特に、後半に注目したい。

9001 箇条［5.1.2 顧客重視］は、大学教育の場合、以下のように読み替えることができる。

> a) 学生への約束及び自学の教育に適用される法令等を明確にし、理解し、一貫してそれを満たしている。
> b) 教育プログラムの適合並びに学生満足を向上させる能力に影響を与え得るリスク及び機会を把握し、それらに取り組む。
> c) 学生満足の向上を重視することを維持する。

大学教育では、教育プログラムのために守らなければならない法令等に従い、かつ、やると公表したことを間違いなく実行することが a 号に相当する。筆者は、これを「大学のコンプライアンス」と呼んでいる。これを実現するのは、学長等の最大の責務である。しかし、大学は長いあいだいわゆる「綺麗ごと」の広報を行い、公表したことには責任があるという姿勢を見せてこなかったことも多いという点は自省したい。

実際に何を行うのが学生重視といえるのか、ISO 9000 は、このために組織が「取りえる行動」を挙げている。以下に、大学にあてはめて書き下す（1 項だけ含んでいないものがある）。本書が描き出したい教育の質保証システムのほぼすべてを言い切っている。

第4章　ISO 9001からみた大学教育の質保証システム

> - 学生及び就職先企業等を大学から価値を受け取る者として認識する。
> - 学生の現在及び将来のニーズ及び期待を理解する。
> - 大学の目標を学生のニーズ及び期待に関連付ける。
> - 学生のニーズ及び期待を大学全体に伝達する。
> - 学生のニーズ及び期待を満たす教育プログラムを計画し、カリキュラムを編成・実施し、学生をサポートする。
> - 学生満足をモニタリングし、適切な処置をとる。
> - 利害関係者のニーズ及び適切な期待を明確にし、適切な処置をとる。

学生のニーズと期待の把握 [8.2.1 顧客とのコミュニケーション]： 9001規格ではだいぶあとにある箇条 [8.2 製品及びサービスに関する要求事項] の最初に箇条 [8.2.1] を置き、顧客からの「b) 引合い、契約又は注文の処理」と「c) 苦情を含む、製品及びサービスに関する顧客からのフィードバックの取得」を含めている。これは、明らかに顧客のニーズと期待の把握を意図したものだろう。

しかし、学生が入学に際して要求や注文を明示することはない。「引き合い」とは、9001規格によれば、「契約及び契約以後に生起する事項を確認する」行為であり、これも行われることはほぼない。これらの記載は、従来の大学の制度上の手続きでは、学生とのコミュニケーションから学生のニーズと期待を把握するのは困難であり、これらを把握する積極的な活動が重要であることを示唆している。

「顧客からのフィードバック」という言葉は、例えば製造業の場合、明らかに製品を購入し使用段階に入った者からの意見等を期待しているものだろう。大学教育でこれに該当するのは、卒業生からのフィードバックである。自分が受けた教育が、その使用にあたる職業人としての業務に役に立っているか否かである。既卒業生からの意見聴取を行い、カリキュラムの編成や変更に反映する必要があることを示している。

高校生・受験生と社会への主張 [8.2.2 製品及びサービスに関する要求事項の明確化]： 同じく9001規格のだいぶあとにある箇条 [8.2.2] に、「製

品及びサービスに関する要求事項」は、「組織が製品及びサービスに関して主張していること（下線は筆者による）を満た」さなければならないとしているのは重要である。つまり、大学では、学生が入学手続きを行う時点で、大学が公開している情報のとおりに教育プログラムを提供するという契約が成立すると考えるべきである。すなわち、学生と大学の間では、教育プログラムの中身はもっぱら大学主導で決まることの特異さを認識する必要がある。

このように考えると、学生に「学則に則り勉学に励みます」との宣誓のもとに入学を許可するという制度はきわめて片務的であり、これに対して、大学側に「約束したとおりの教育プログラムを提供します」という意識があって、初めて双方向的な契約が成立するという認識を持つべきである。

2.3 大学教育をめぐる状況の分析 ［4.1 組織及びその状況の理解、4.2 利害関係者のニーズ及び期待の理解］

大学教育をめぐる状況の理解は、大学教育運営のために基盤的に重要であることには誰もが頷くだろう。9001規格は、組織の状況の理解に関する記載を、リーダーシップについて記した第5章の外に置いているが、状況を理解する制度を構築することは学長等の責務と考え、ここに置く。これは、本章第2.1節に掲げた9001箇条［5.1 リーダーシップ及びコミットメント］が「品質方針及び品質目標と組織の状況（下線は筆者による）及び戦略的な方向性の両立」を学長等の責務としていることに基づく。

9001箇条［4.1］は、以下のように記している。

> 組織は、組織の目的及び戦略的な方向性に関連し、かつ、その品質マネジメントシステムの意図した結果を達成する組織の能力に影響を与える、外部及び内部の課題を明確にしなければならない。
> 組織は、これらの外部及び内部の課題に関する情報を監視し、レビューしなければならない。

この箇条の注記は、外部の状況は、「法令、技術、競争、市場、文化、社会及び経済の環境から生じる課題を検討すること」、内部の状況は、組織が

持つ「価値観、文化、知識及びパフォーマンスに関する課題を検討することによって容易になり得る」とアドバイスしている。なお、記載に表れる「監視」は、モニタリング及び情報収集と理解する。

これらを大学にあてはめると、外部課題では、法令等の視点からは学教法や設置基準の改正、文科省が打ち出す高等教育政策の動向、中教審答申に現れるような大学教育の将来像や高校教育の動向などがあてはまる。その他では、人口動態（特に18歳人口）、人材ニーズの動向、専攻分野の技術の進歩や変化、他大学の動向等が挙げられるだろう。

内部課題としては、大学が教育のために保持している知識、教育の成果や教育の質保証に係る課題、人事や施設利用等を含む大学運営の諸制度のほか、大学内で行われている研究活動、社会貢献、国際連携活動が入る。

9001箇条［4.2 利害関係者のニーズ及び期待の理解］に従えば、「密接に関連する利害関係者」のニーズ及び期待の把握・理解も、質の保証された教育プログラムを提供する「大学の能力に影響」を与えるため、大学は「それらを明確にし」、モニタリングしなければならない。近年大学が、品質目標に相当する「学位授与の方針」等について、学生、学費支弁者、就職先企業、産業界、地域社会からの意見を聴いて定めるよう求められたり、高大連携が求められるのは、箇条［4.2］の内容と一致する。

これらの調査・研究は、近年IRとして推進されているもので、その重要性の指摘は、9001規格と共通している。IRについては、あとで詳述する。

なお、本学を設置している志學館学園の志賀啓一理事長は、「PDCAはCから始まる」と言っているが、内部・外部の課題の把握は、9001規格でもCheck事項として登場するもので、本書の主張と通じるところがある。

リスクと機会の把握及び取組み［0.3.3 リスクに基づく考え方、6.1 リスク及び機会への取組み］：リスク及び機会の把握の目的を、9001箇条［6.1］は、以下のように記している。

---

a) 品質マネジメントシステムが、その意図した結果を達成できるという確信を与える。
b) 望ましい影響を増大する。

> c) 望ましくない影響を防止又は低減する。
> d) 改善を達成する。

 a 号の論理は分かり難いが、リスクとは不確かさがある状態なので、リスクが低下すれば、不確かさが減じて確信に変わるという意味だろう。

 注記では、リスクへの取組みの選択肢には、「(1) リスクの回避、(2) ある機会を追求するためにリスクを取る、(3) リスク源の除去、(4) 起こりやすさ若しくは結果を変える、(5) リスクの共有、(6) 情報に基づいた意思決定によってリスクを保有することが含まれ得る」としている。

 一方、機会への取組みによって、「新たな慣行の採用、新製品の発売、新市場の開拓、新たな顧客への取組み、パートナーシップの構築、新たな技術の使用、及び組織のニーズ又は顧客のニーズに取り組むためのその他の望ましくかつ実行可能な可能性につながり得る」とアドバイスしている。

 箇条 [0.3.3] は、リスクに基づく考え方を以下の 3 点に要約している。
1) 起こり得る不適合を除去するための予防処置
2) 発生した不適合の分析
3) 不適合の影響に対する適切な再発防止

 大学は社会的な性格が強く、社会からの信頼が基盤である。この信頼を失墜する原因となるような事態が発生するのが最大のリスクである。例えば、めったにないことではあるが（しかし、実際に起こっている）、成績管理の不手際から、卒業要件を満たしているのに、卒業不可との判定を下してしまったというような例がある。入学者選抜での不正行為は論外であるが、入試ミスについても、重大とみなされれば必ずといっていいほどメディアが取り上げるところとなり、時に致命的な信用失墜に繋がる。

 学生の事故への遭遇のリスクの把握も、特に理工系学部では重要である。海外渡航やフィールド活動に不慣れな学生がトラブルに巻き込まれるリスクもある。こうした重大なリスクへの取組みは徐々に進んでいるが、筆者には、教育プログラム提供プロセスの中で起こり得る不適合のリスクはあまり注目されていないと感じられる。

ISO 9000 の定義に従えば、予期せぬプラスのインパクトの発生を見逃すのもリスクであり、それを拾い上げ、機会に転換するようなモニタリングが求められるだろう。大学では、リスクと機会を組織として分析するという文化はまだ十分には育っていない。

2.4 教育上の目的とそれが備えるべき事項［5.2.1 品質方針の確立、5.2.2 品質方針の伝達］

　組織の意思としての「品質方針」の明示が品質マネジメントの出発点であることは、すでに述べた。大学教育の場合は、人材養成上の使命として「教育上の目的」を掲げることである。9001 箇条［5.1 リーダーシップ及びコミットメント］及び箇条［5.2.1 品質方針の確立］は、これを「トップマネジメントによる品質方針の確立」と記している。

　箇条［5.2.1］で、品質方針が備えておかなければならないとしている二つの要件を、大学の用語に置き換えると、以下のようになる。

　学長等は、次の事項を満たす教育上の目的を確立し、実施し、維持しなければならない。
a) 大学の目的及び状況に対して適切であり、大学の戦略的な方向性を支える。
b) 学位授与の方針（品質目標）の設定のための枠組みとなる。
　※　以下の二つの号は割愛してある（筆者注）。

---

　a 号で、教育上の目的が大学の目的に対して適切であることは当然だが、状況に対して適切で戦略的な方向性を支えるものにするには、基盤として相当な IR 活動が必要だろう。また、その IR 活動は、教育上の目的と関連付けられる視点から行われなければならない。

　b 号は、教育上の目的と学位授与の方針の一貫性を求めるもので、これは、認証評価でも求められる重要事項である。

　9001 箇条［5.2.2 品質方針の伝達］に従えば、教育上の目的は、a) 文書化した情報として利用可能な状態に維持され、b) 組織内に伝達され、理解さ

れ、適用され、c) 利害関係者が入手可能でなければならない。大学の教育研究上の目的は、設置基準により必置であり、大学案内やホームページで公開されているので、すべての大学はこれを満たしているだろう。

　以下に例として、志學館大学の「教育研究上の使命（目的）」を示す。教育研究上の目的に教育上の目的を含ませ、教育上の目的単独では定めていない。本学の建学の精神である「時代に即応した堅実にして有為な人間の育成」を承けつつ、学教法に従って定められた「大学の目的」とも整合し、これの下に、学位授与の方針、カリキュラム編成の方針、入学者受入れの方針が順次定められるようにしてある。

> **志學館大学の教育研究上の使命**
> 人類の文化・社会と自然に関する豊かな教養と実践的で体系的な専門の学芸を教授研究し、科学的かつ論理的思考法と現代社会に必要な技能及び総合的な問題発見・課題解決能力を身につけ、自主性・創造性及び社会に貢献する態度・志向性を持っている堅実な職業人を育成する。

2.5 教育に供する大学の資源 ［7.1 資源、7.2 力量、7.3 認識］

　9001箇条［7.1 資源］によれば、大学が教育プログラムを実施し、その質を管理し、学生要求事項を満たすために必要な資源をどのように備え、管理するかというあたり前のことも、責任ある大学として明示する必要がある。設置基準が、校地の基準面積や教員の規準定員のほか、教授以下の教員の資格規準を定めているのと、軌を一にするものである。

　9001規格は、「必要な資源の利用可能化」をトップマネジメントのコミットメント事項としており、大学では、教員人事や施設利用は学長の権限の下に置かれているもっとも重要な事項である。

　EQMSでは、箇条［7.1］に倣い、人的資源［7.1.2 人々］、施設・設備［7.1.3 インフラストラクチャ］、学内環境［7.1.4 プロセスの運用に関する環境］をここに含める。さらに、人的資源には、教職員の力量［7.2 力量］を含める。なお、［7.1.5 監視及び測定のための資源」は、大学教育では存在しないので含めない。

9001箇条［7.1.2 人々］によれば、「教育の質保証の効果的な実施に必要な人員」を明確にし、割り振らなければならない。大学での人的資源のマネジメントには、教職員の配置（人数等の割振り）、採用・昇格人事、彼らの力量、研修・訓練などが含まれる。箇条［7.2 力量］の記載は、おもに要員に必要な力量と教育・訓練に関わるもので、大学でのFD、SD活動に近い。

施設・設備等について、箇条［7.1.3 インフラストラクチャ］は、教育の質保証に必要なインフラストラクチャを明確にし、運営・管理しなければならないということ以上は書いていない。

EQMSの原則は、教育プログラムの質を担保するために、施設・設備の有効利用を最適化することを重視する。例えば、カリキュラム改編をスペースマネジメント（施設利用を固定化せず、利用度を見直しつつ学生の利便性の公平化を図る施設管理制度）に反映させることにしている。

環境に関する条項は、もともと、製造業での製品品質に影響を及ぼす（製造に携わる人員への影響も含めて）環境条件（温度、湿度、塵埃等）の適切な管理を求めたものだったのだろうが、現在はより広範な事項を扱っている。

何よりも重要なのは、教育の質を向上させようとすれば、単に授業科目やカリキュラムを改編するだけでなく、人的資源、施設・設備、環境のマネジメントが連動することが必要だという点を認識することである。

(1) 人的資源

大学の人的資源の特徴［7.1.2 人々］： 9001箇条［7.1.2］によれば、大学は、教育の質保証及び教育プログラムの運用・管理を効果的に実施するために必要な教職員等を明確にし、配置しなければならない。この定義に従えば、ごく一部を除いて、大学のほぼすべての教員と事務職員が該当する。

大学教育は高度に知識集約型の業態であり、教育の質はひとえに教職員が蓄積し、日々獲得しつつある知識や技能に依存している。特に教員の場合にはこれが顕著である。こうした知識と技能を確保するために、適切な採用人事を行い、能力の向上に従い昇任人事を行う。能力の向上をもたらすのは、教育や訓練の場合もあるが、教員の場合は研究活動が専門分野の知識の向上

の源である。

近年、実務家教員の採用が推進される傾向にあるが、これは、大学教員になる前に獲得した知識や技能の大学への導入であり、教育・訓練によるものではない。これは、必要な知識・技能を大学内での継承により確保しようとしてきた従来の大学像からの大きな転換である。

必要な力量の明確化［7.2 力量］：9001箇条［7.2］a号を大学教育に適用すると、大学は「教育の質保証システムの成果と有効性に影響を与える業務を行う教員職員等に必要な力量を明確に」しなければならない。

必要な力量は、教員の場合、採用時に、担当を予定する授業科目を明示し、応募者から提出された学位や専門領域での業績、経験などを基に選考し、人事上の資格審査基準（採用・昇任基準）に定められている職位に補するのが普通なので、上記は満たしている。教員の力量には、教育だけでなく、研究、社会連携、組織運営に関する力量も必要とされるのが通例である。

事務職員の場合、大学運営に必要な学教法や設置基準などの関係法令や学則以下の学内規則類のほか、担当部署の業務を行うに足る知識と技能（例えば、経理課員には学校会計に関する知識等）と担当部署の業務に関する手続き等（例えば、教務事務）の十分な理解などが必要である。このような力量獲得の事情は教員の場合と大きく異なる。事務職員の場合は、採用時には大学教育に関する知識はほとんど持っていないことが多い。ただし、新規採用者の場合などは、軽易な業務にあたらせ、OJTの下に置くのが普通で、「成果と有効性に大きな影響を与える業務」をしてはいないともみなせる。異動や昇任時に、必要な力量の明確化がどの程度なされているかは、多くの大学で見直す必要があるかもしれない。

「教育の質保証システムの成果と有効性に影響を与える業務を行う要員」には、正規教職員ばかりでなく、授業等の補助にあたるTA等も含まれると考えるべきである。近年、TA等の教育上の補助的業務に携わる人員の研修が求められるようになったのは、9001規格から見ても妥当である。

「力量の証拠」は、「文書化し」て保持しなければならない。これには人事記録が該当するが、専門的知識・技能、経験及び教育・訓練歴等を網羅し

ていない場合は、見直しが必要かもしれない。

　教職員の能力向上［7.2 力量］： 大学にとって必要な職能の向上である。9001 箇条［7.2］b 号は次のように書いている。「適切な教育、訓練又は経験に基づいて、それらの人々が力量を備えていることを確実にする」。また、個々の教職員について、必要な場合は「必ず、必要な力量を身に付けるための処置をとり、とった処置の有効性を評価する」とあるが、これらは、相当高度な要求であり、FD、SD 委員会といった組織とそれらの活動は必須と解釈できる。設置基準の改正により、FD・SD 活動が法的に義務付けられたのも、ISO 9001 の視点から見れば頷ける。

　要員配置の機動性［7.2 力量］： 箇条［7.2］c 号が、「必要な力量を身に付けるための処置．．．の有効性を評価する」としているのに、配置換えや新規採用等も含めると考えると、教員配置の妥当性も評価する必要が生じる。これには、授業アンケートで評価するのも一つの方法である。

　なお、箇条［7.2］の注記に、要員が確保されていないと分かった場合の処置には、「力量を備えた人々の雇用、そうした人々との契約締結などもあり得る」としている。注記の前半を満たすためには、第 3 章第 2.2 節(2)の統合型学務マネジメントの項でも書いたとおり、学位授与の方針の変更やカリキュラム改訂等を行った場合、それに必要な教員数に合わせて、教員配置の迅速な転換ができる制度的な担保が必須である。これができず、教員人事をいわゆる「後任補充」として行う体制では、カリキュラム編成は教員の専門領域に合わせて行うことになり、学生のニーズと期待に合わせたカリキュラム編成は不可能になってしまう。

　注記の後半は、非常勤講師の雇用で急場を凌ぐといった方法にあたる。

　周知［7.3 認識］： 9001 箇条［7.3］を大学にあてはめると、教職員に対して、「教育上の目的、学位授与の方針並びに教育の質保証の成果によって得られる便益、その有効性に対する自らの貢献、及びその要求事項に適合しないことの意味」について周知する必要がある。

　このために、職場各所に建学の精神や人材養成目的等を張り出すなどの方

法が採られることが多いが、FD・SD活動を通じた構成員の認識を継続的に喚起するといった活動が望ましい。

なお、9001箇条［7.3］の題名は、「認識」となっているが、英語の原文では'awareness'になっている箇所なので、この語の語感とこの節の内容から、本書では「周知」とした。

(2) 教育プログラムのために大学が保持するべき知識　［7.1.6 組織の知識］

9001箇条［7.1.6］によれば、「大学は、教育制度の運用に必要な知識及び教育プログラムの適合を達成するために必要な知識を明確に」しなければならない。

大学教育の質保証のために、大学の構成員が共有していなければならないのは、学務の計画、実施、点検等に必要な「決めごと」である。すなわち、大学が定めている学則以下の規則類であり、特に履修規則やシラバス作成要領などを含む学務関係の規則類の周知と共有は必須である。箇条［7.1.6］は、これらは構成員の誰もが「必要な範囲で利用できる状態にしなければならない」としている。ホームページの学内専用ページやイントラネットに掲載するのがこれに近い。

管理層にとっては、学教法、同施行規則や設置基準等のほか、日本の高等教育制度に関する各種の法令や、中教審答申等に表れる高等教育に関する政策動向についての知識は必須である。このような考えから、志學館大学では、学内規則類のほかに中教審答申等をイントラネットに掲載し、教職員がいつでも参照できるようにしている。

大学教育という視点からは、大学が設置している専攻分野に関する専門的知識が必須であるのは言を俟たない。教員の持つ専門的知識は、研究を主たるミッションとし、講座制等を採用している大学では継承・維持は可能であり、これが教育面の知識の継承にも寄与するが、教育を中心とした中小規模大学では、残念ながら、共有は困難であり、継承もほぼ不可能である。

箇条［7.1.6］の注記で、「組織の知識は、一般的に経験によって得られる」とされているが、知識の源が内部と外部にあり得るとしているのは、示唆に

富む。内部の知識源は、おもに経験、成功や失敗から学んだ教訓に、外部の知識源は、例えば、さまざまな外部「標準、学界、会議、顧客又は外部の提供者（大学の場合では連携組織等）からの知識収集」にあるとしている。

　大学は知に基盤を置く組織であり、後述の IR の視点から見ると、何の情報を得てその分析からどのような知識を得るべきは、箇条［7.1.6］が指摘しているよりもさらに幅広いものである。

(3) 教育・学習のための施設・設備［7.1.3 インフラストラクチャ］

　教育プログラムに用いる施設・設備などの管理には、9001 箇条［7.1.3］があてはまる。規格は「必要なインフラストラクチャを明確にし、提供し、維持しなければならない」としている。ここでいう施設・設備には、キャンパス、一般施設（校舎）、情報ネットワーク関連機器等が含まれる。理工系学部の場合、設置基準が特別に定めた必置の施設もある（農学部の農場や水産学部の練習船など）。

　大学教育に供する施設は、国が設置基準に定めているが（施設・設備ばかりでなく人的資源なども規定している）、これは最低基準とされているので、教育プログラムに真に必要な施設・設備の管理基準は、大学独自に考える必要がある。フィールド系、実験室系、文科系といったさまざまな分野がある大学では、設備・機器やその管理法については、統一的な管理制度ですべてを律するのは非現実的であり、学部等に権限を委譲するのがいいだろう。

　多様な学生の勉学の場として、建物のバリアフリー化や耐震強化もこの項に含まれるだろう。外国人留学生が多い大学では、プレイルームの整備なども考慮しなければならないだろう。

　EQMS では、教育プログラム要求事項を達成するうえで必要な施設・設備の有効利用度を最大化することを旨とする。カリキュラム改訂等を行った場合、必要な教室等の数に合わせて、施設スペースの利用配分を迅速に転換できる制度的な担保は必須である。これを、「スペースマネジメント」と呼んでいる。学生数、教員数などの実績数をもとに、施設の利用面積を調整するものである。学生の勉学環境を公平化することが意図で、箇条［7.1.3］の「製

品及びサービスの適合を達成するために必要なインフラストラクチャ」を提供しなければならないとの趣旨に対応するものである。近年、学生数に見合った教室利用が求められるようになったが、発想の根は同じである。

(4) 教育・学習のための環境 [7.1.4 プロセスの運用に関する環境]

9001 規格の趣旨では、この箇条は本来、教職員の労働環境を対象としたものと読めるが、学生の学びのための環境の適切さは、教育プログラムの質に直接関係すると考え、学生に対してもあてはめる。

上の考えを 9001 箇条 [7.1.4] に適用すると、教育・学修環境について、「教育プログラムに関する要求事項への適合を達成するために必要な環境を明確にし、提供しなければならない」と要約できる。環境の要因として、a) 気温、熱、湿度、光、気流、衛生状態、騒音等の物理的要因に加え、b) 社会的要因（例えば、非差別的、平穏、非対立的）と c) 心理的要因（例えば、ストレス軽減、燃え尽き症候群防止、心のケア）も挙げている。

管理対象となる物理的要因は、大学の持つ専攻によってさまざまで、教室の照明等や安全衛生のほか、理工系学部では、廃液・排水、実験室、実習工場、核物質なども考えられる。

社会的要因や心理的要因などについては、大学では、ハラスメント防止や心の面でのサポートが必要な学生の支援を規則等で定めていることが多く、学生に対する措置の方が充実していると思う。これらを教職員一般に敷衍していくことが必要だろう。一方、労働安全衛生法26)により、大学が定めることが義務付けられている安全衛生管理体制の趣旨を、学生に適用し安全を確保し、支援する試みも一部の大学では行われている。

近年の状況を考えれば、大規模災害時のキャンパス内の危機対応などもこの項に含まれるだろう。

2.6 教職員の責任と権限及びコミュニケーション [5.3 組織の役割、責任及び権限、7.4 コミュニケーション]

責任・権限と協働： 9001 箇条 [5.3] は、「（各レベルの）責任及び権限

を定めることと、組織全体への周知」もトップマネジメントの責務としている。何に関する「責任と権限」かは、9001規格は書いていないが、前後の関係から、大学では、教育の質保証システム及び学務マネジメントに関するものと読める。

大学の制度では、学長や学部長が主導する会議や各委員会等及びそれらの長の所掌事項、責任と権限等は学則やその他の規則類で定義しているのが普通である。事務職員の業務は事務分掌規則で定めているのが普通である。また、それらはイントラネットなどを通じて周知されている。教育の質保証のためには、教務事項以外にも人員配置、施設等を扱わなければならず、個別の業務を担当する委員会組織だけでは対応しきれないので、これらの統括・指揮が学長等の役割である。

教育内容の計画や実施について、大学と個々の教員の間の任務分担が明確にされていなければならない。ここで、教育の質保証に対する理解が個々の教員で異なったままになりやすいという問題を克服する必要がある。EQMSでは、教育課程の編成と教務上のルーチンワークの処理にそれぞれ専念する二つの委員会を置くことにしている。つまり、各授業科目の目的と内容までは教員の意見を聴きながら組織的に決め、シラバス作成以降の教育実施を科目担当教員の責任とし、これを別委員会が統括する。教育プログラムのplanとdoの責任を分離し、明確化するという発想からである。

ISO 9004は、箇条［8.3 プロセスの責任及び権限］で、ある業務が他の業務に与える影響、それらの相互作用及びある業務に携わる人々の責任と権限に関する組織全体での認識の必要性に言及している。この記述から、責任と権限の明確化は、協働の必要性も包含した概念であると解釈できる。

多くの大学では、教員と事務職員等の責任と権限が分離しすぎており、両者の協働は不十分である。近年、設置基準の改正までして教職協働[20]が強調されるようになったことの意義は、この箇条から考えると理解できる。

教職員間のコミュニケーション［7.4 コミュニケーション］： 9001箇条［7.4］は、組織の内部及び外部のコミュニケーションを規定しているが、ここでは組織内のコミュニケーションのみを考える（外部とのコミュニケーシ

ョンは別途扱う）。箇条［7.4］によれば、内部コミュニケーションの a) 内容、b) 実施時期、c) 対象者、d) 方法、e) 行う人を決定しなければならない。

　大学では、教授会（現在は全教員参加で行っている場合が多い）や各級の委員会でのコミュニケーションは、規則等に定められて実施されているので、「コミュニケーションのプロセス」は一応確立している。ただし、教員と事務職員の間のコミュニケーションは、制度的には明確にされていない大学が多いのではないかと思う。大学運営上、今後の大きな課題である。

2.7　情報の公表　［5.2.2 品質方針の伝達］

　9001 箇条［5.2.2］は、品質方針を組織内ばかりでなく、「利害関係者が入手可能である」ようにしておかなければならないとしている。

　大学の場合は、学教法施行規則で、教育研究活動等の状況について、適切な体制を整えた上で、刊行物への掲載、インターネットの利用その他広く周知できる方法による情報公表が義務付けられている。利害関係者に限らず、一般への公表であり、9001 規格より広範な義務である。

　以下に、学教法施行規則が定めた公表すべき事項を、条文の大意を損なわない範囲で簡潔に示す。各号の後に、9001 規格が用いているキーワードのうちで対応するものを付してある。

1) 大学の教育研究上の目的及び大学、学部・学科等ごとの教育上の目的を踏まえた、卒業の認定に関する方針、カリキュラム編成の方針、入学者の受入れ方針（カリキュラム編成の方針は、学位授与の方針との一貫性の確保が必要）（品質方針、品質目標）
2) 教育研究上の基本組織（学部・学科等を指す）（プロセス）
3) 教員組織、教員数及び各教員が有する学位及び業績（資源、人々）
4) 入学者数、収容定員及び在学生数、卒業・修了者数及び進学者数・就職者数その他進学・就職等の状況
5) 授業科目、授業の方法及び内容並びに年間の授業計画（サービス提供）
6) 学修の成果に係る評価及び卒業又は修了の認定の基準
7) 校地、校舎等の施設・設備その他の学生の教育研究環境（インフラスト

> ラクチャ、環境)
> 8) 授業料、入学料その他の大学が徴収する費用
> 9) 学生の修学、進路選択及び心身の健康等に係る大学の支援
> 10) そのほか、教育上の目的に応じ学生が修得すべき知識及び能力（品質目標）

　このようにみると、公表事項は、9001規格と対応するものが多く、これらの条項は、品質保証に関連する情報の公表の規定という性格を持っていることが分かる。国が、情報の公表を、教育の質保証を支える一つの仕組みと位置付ける所以である。

　ただし、「学修の成果に係る評価及び卒業又は修了の認定の基準」は「顧客のパフォーマンスに係る評価及び製品完成の認定基準」、また「学生の修学、進路選択及び心身の健康等に係る大学の支援」は「組織による顧客の製品利用法及び利用に対する支援」と読み替えざるをえない内容で、9001規格には該当するものが見当たらない。これらは、組織が顧客を支援や評価し、積極的に関与することを意味し、他の産業分野には見られない、大学教育という業種の大きな特徴の一つである。

　9001規格には、組織による情報公表を明示した記載はない。上記の解釈は、利害関係者への伝達を拡大したものである。法で定められている広範な情報公表義務は、公的な資金が投入されている大学教育の社会に対する責任という性格を示すものだろう。

3. 教育プログラムの計画：PLAN［8運用、8.1運用の計画及び管理］

　教育プログラムは、学位と学位授与の方針、その下で編成される教育課程（カリキュラム）に代表されるもので、基本的には学部・学科ごとに形成される（近年はより多様な教育プログラム形成が唱えられているが）。したがって、本章のうち、ここに示す教育プログラムの計画から改善までについては、リーダーシップを発揮するのは、学部長及び学部長を含む学部運営組織とした方が理解しやすいだろう。

教育プログラム全体の計画は、先に書いた三つの計画のうち、2番目の「運用」（製品実現又はサービス提供）の計画であり、この計画には、9001箇条［8.1 運用の計画及び管理］があてはまる。

　9001規格第8章は、このほかに［8.2 製品及びサービスに関する要求事項］、［8.3 製品及びサービスの設計・開発］、［8.4 外部から提供されるプロセス、製品及びサービスの管理］、［8.5 製造及びサービス提供］、［8.6 製品及びサービスのリリース］、［8.7 不適合なアウトプットの管理］を含み、製品製造及びサービス提供プロセス全体のplanとdoを扱う、9001規格の中で最大の章である。上のような節の並びと内容は、この章がもともと、製造業の個々の製品の実現（設計・開発から製造、引き渡しまで）を想定したものだからだろう。

　教育に当てはめると、定められた教育上の目的の下で、学位授与の方針（教育達成目標）を定め、これを満たすようにカリキュラムを設計・開発し、授業を実施し、またそうできるように資源（人員及び施設・設備）を配置、調整し、個々の学生に卒業まで適切に履修させ、教育実施内での不適合の是正までを含む、教育プログラム実現のほぼ全過程を含む計画ということになる。

　計画時に実施しなければならない事項を、箇条［8.1 運用の計画及び管理］は、次のように記している。

　組織は、次に示す事項の実施によって、製品及びサービスの提供に関する要求事項を満たすため、並びに箇条6で決定した取組みを実施するために必要なプロセスを、計画し、実施し、かつ、管理しなければならない。

a) 製品及びサービスに関する要求事項の明確化
b) 次の事項に関する基準の設定
　1) プロセス
　2) 製品及びサービスの合否判定
c) 製品及びサービスの要求事項への適合を達成するために必要な資源の明確化

　　※　ここでは、本文のこの節に含まれる実施と管理に係る事項以外は割愛してある（筆者注）。

第 2 行目にある箇条 6 とは、品質マネジメントシステムの計画のことである。つまり、a 号と合わせると、教育プログラムの計画は、教育の品保証システムと教育の質の両者を満たすようになっていなければならない。品質マネジメントシステムと製品品質の差異を認識する必要がある。

b 号の「基準」の文脈は少し分かり難いが、英語の原文では criteria だから、適否の判断基準である。つまり、教育プログラム提供のプロセス及び教育プログラムそのものの適否判断基準が必要である。c 号は、教育の品保証に必要な資源の設定・明確化がなされていなければならないことを意味する。

EQMS では、PDM 法により、教育上の目的（品質方針）と整合性が取れたかたちで学位授与の方針（品質目標）が設定され、教育課程編成の方針、カリキュラム、授業科目のコンテンツ、開講期等の内容は、学位授与の方針を踏まえて導出される。別言すれば、教育上の目的さえ適切に設定されていれば、教育プログラムの適切性は、ほぼ自動的に担保される。

教育の提供の全体（個々の授業の実施を除く）に関する計画を、PDM を形成することで立案するとしているのは、EQMS の最大の特徴の一つであり、このことだけで、9001 箇条［8.1 運用の計画及び管理］の要求事項をほぼ満たしている。PDM はそれ自身、計画の過程・論理を含む計画法であり、かつ完成したものは計画でもある。

教育プログラムの適否判定という点に関しては、多くの大学にまだそういった発想や文化が定着していないため、十分に満たしているとはいえないと思う。あとで詳述する。

教育プログラムに含まれるプロセス： 教育プログラムに含まれるプロセスについて、PDCA サイクルを考慮しながら概観する（図6）。

まず前提として、第一の大きな計画に含まれる、学長等のリーダーシップの下で、その責務である教育の質保証のためのシステムの構築がなされる。これには人員や施設・設備の適切な確保・提供が含まれる。

学務の計画 (P) では、大学・学部・学科の教育上の目的から、学位授与の方針、カリキュラム編成の方針、さらにそれらの下での教育プログラムの計画の枠組みが構築され、カリキュラムが編成される。ここでも、人員や施設・

設備の適切な配置が含まれる。

教育の実施 (Do) 段階では、カリキュラムに基づいた教育プログラムの実施と、その前の学生への履修指導、またその後の履修・成績の管理業務がある。教育プログラムの実施は、個々の授業科目を対象とした小さな PDCA に分かれていて、シラバスの策定 (Sub-Plan)、授業の実施 (Sub-Do)、授業のモニタリング (Sub-Check)、授業の改善等 (Sub-Act) が含まれる。

学務の点検 (Check) には、4 年間の教育のモニタリング、その結果の分析及び IR 活動（教育プログラムをめぐる内部・外部の課題の情報収集と分析）

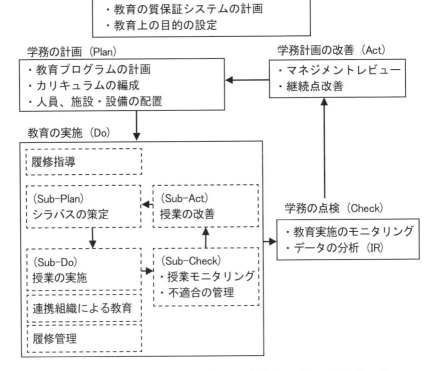

図 6 大学教育の質保証システムのプロセスと内容； 実線枠がメインプロセス、破線枠がサブプロセス

が含まれる。

　これらの点検を承けて、学長等のリーダーシップによる、教育プログラム全体の質の改善 (Act) がなされる。

3.1　学位授与の方針：品質目標　[6.2 品質目標及びそれを達成するための計画策定]

　学位授与の方針（教育達成目標）は、9001 箇条［6.2］がいう品質目標に相当する。箇条［6.2.1］は、品質目標が満たさなければならない 7 つの要件を挙げている。それに従えば、学位授与の方針（品質目標）は a) 教育上の目的（品質方針）と整合しており、b) 測定可能であり、c) 適用される要求事項が考慮されていて、d) 教育プログラムの適合及び学生満足の向上に関連しており、e) モニタリングされなければならない。

　a 号と b 号を満たすためには、PDM 法のように、教育上の目的から学位授与の方針を論理的に導出し、かつ達成指標を明示するような方法を採用する必要がある。c 号及び d 号を満たすためには、学教法、設置基準や認証評価事項を満たすこと、大学・学部・学科の学生のニーズと期待を反映していることの両者を満たすものでなければならない。学位授与の方針のモニタリングは、IR に属するもので、あとで詳述する。

　残る要件は、f)（大学内外に）伝達され、g) 必要に応じて更新される、である。

　箇条［6.2.1］は、「（各）階層及びプロセスにおいて品質目標を確立しなければならない」と記している。しかし、大学では教育プログラムの提供全体の質の確保と向上が唯一の目標であり、プロセスごとに品質目標を定めるのは現実的ではない。階層という点では、全学共通のものもあるし、学部・学科によって異なるものもある。例えば、汎用的技能やチームワーク能力、生涯学習能力等は全学で共通であることも多いが、専門分野における知識・技能に係る目標は学部・学科ごとに異なる。志學館大学では、全学の学位授与の方針を定め、それ以外の学部の個性に係る部分を学部の学位授与の方針に、さらにその下で学科の個性に係る部分を学科の学位授与の方針に定める

ように構造化している。全学の学位授与の方針の策定は、学教法施行規則に定められていないので、この構造は、本学独自の判断である。

　EQMSには、各授業科目単位のサブプロセスがあり、ある授業科目が学位授与の方針のどの部分に貢献するのかを、授業科目ごとの品質目標とみることもできる。志學館大学では、この考えに基づき、各授業科目が学位授与の方針のどの項目におもに貢献するものかを、授業科目Coding（ナンバリング）の中で明示している。

　学長等は、これらを大学の教育上の目的（使命）と論理的整合性を持って設定させなければならない。大学では一般に、学位授与の方針のレベルでは、これの企画・立案を所掌する委員会で審議し、関連する評価や提案を用意し、教授会の意見を聴いて決定される制度になっているだろうから、その制度と活動を学長等が掌握し、必要に応じて指揮するという程度に解釈できる。

　箇条［6.2.2］では、「品質目標をどのように達成するかについて計画するとき、．．．b) 必要な資源．．．を決定しなければならない」としており、担当教員や使用教室の計画が必要と読める。統合型学務管理は、この考えに該当する。このことはすでに何度か書いた。

(1) 教育プログラムの特性の変更管理［8.2.4 製品及びサービスに関する要求事項の変更］

　9001箇条［8.2.4］によれば、教育プログラムの特性（要求事項）が変更されたときは、「関連する文書等の変更を確実にしなければならない」。これには、教育上の目的や学位授与の方針が改定されれば、カリキュラム編成の方針以下、関係する事項や大学案内なども正しく改訂されていることはもちろんのこと、カリキュラム改訂に伴い授業科目が変わった場合の読み替え科目の措置などが正しく行われていることにあたると考える。

　カリキュラム編成を、学位授与の方針やカリキュラム編成方針と論理的な一貫性をもって行えば、ここに齟齬が生じることはあまりない。カリキュラムPDMはこれを担保する文書でもある。ただし、教員の専攻分野によって授業科目を変更するような旧来型のカリキュラム運営法を行っている場合は、

これらの文書の改訂に、時として不整合性が発生しやすい。

(2) 教育プログラムの特性へのコミットメント ［8.2.3 製品及びサービスに関する要求事項のレビュー］

 9001 箇条［8.2.3.1］は、製品及びサービスに関する要求事項（顧客要求事項、規定要求事項、法令・規制要求事項）を、「製品及びサービスを顧客に提供することをコミットメントする前に、レビューしなければならない」としており、ここの「製品・サービス提供に対するコミットメント（責任の発生）の前」という言葉は重要である。それがどの時点で発生するかは、学位授与の方針、カリキュラム編成方針やカリキュラム内容あるいはそれらを含む大学案内などの受験生が目にする大学に関する情報が、公表される時点と考えるべきである。

 同箇条に、「組織が顧客に提供するサービスに関する要求事項を満たす能力をもつことを確実に」するとあるのは、表明していることを正しく行う能力を持たなければならないとしているわけだが、逆に、「組織が持っている能力」に応じて、実現可能なものであるかをレビューすることと読むのが責任ある態度だろう。

3.2 教育課程編成の方針

(1) カリキュラムの特性の明確化 ［8.2.2 製品及びサービスに関する要求事項の明確化、8.2.3 製品及びサービスに関する要求事項のレビュー］

 カリキュラムの特性と内容は、9001 箇条［8.2.2］にある「顧客に提供する製品及びサービスに関する要求事項」である（要求事項とは、requirementであることをいま一度思い出して読んでいただきたい）。

 箇条［8.2.2］によれば、大学は、要求事項を明確にするとき、まず a 号で、1) 適用される法令・規制要求事項と、2) 大学が必要とみなすものを定めていなければならない、としている。b 号に、大学が「提供する教育プログラムに関して主張していることを満たすことができる」ことと読める規程があるのはきわめて重要である。これの意味するところは、次項で詳述する。

具体的に何を明確にしなければならないかについては、箇条［8.2.3 製品及びサービスに関する要求事項のレビュー］に、詳細に列挙されているので、それを見ると分かりやすい。以下、箇条［8.2.3］の記載を少し簡略化して示す。レビュー項目として挙げられているが、最初からこれらを基にして「教育プログラムに関する要求事項」を決めるほうが合理的だろう。

---
a) 顧客の要求事項（引き渡し後の活動に関するものを含む）
b) 顧客が明示していないが、用途・意図が既知である場合、それらに応じた要求事項
c) 組織が規定した要求事項
d) 製品及びサービスに適用される法令・規制要求事項
　※　最後の1号は省略してある（筆者注）。

EQMSでは、これらを以下の事項と考える。こういった解釈が、具体的で、大学教員の自然な感覚に合うように、教職員の合意形成をするのが、9001規格の利用には必須だろう。

a) 学生のニーズと期待及び近年の卒業生の得られた能力に関する評価の情報と分析結果（卒業後の活動に関連する意見を含む）から得た判断
b) 教育プログラムごとの教育課程から得ることが必須と考えられる知識・技能等に関する教職員の専門的知識に基づく判断
c) 教育上の目的、学位授与の方針などを含む大学自らが定めて公表した教育プログラムに関する約束（表明）
d) 大学教育及び学生が取得できる資格等に関係する法律、省令等並びに文科省ほかの関係省庁からの通達等

　a 号に卒業者の意見聴取などのアフターケアが含まれているのは、箇条［8.2.3］にある「引き渡し後の活動」を意識したものである。エンドユーザである就職先企業のニーズや学費支弁者の意見の聴取も、大学が教育上の目的や学位授与の方針を形成する際に取り込んでいれば、c 号に含まれていることになる。b 号の「顧客が明示はしないが用途又は意図が既知である場合」というのには、大学が説明している「卒業後に活躍できる就職分野」などが

これにあたると解釈するのが妥当だろう。教職員は、専門的知識に基づき、このために学ぶべきことを判断する。

「製品に適用される法令・規制要求事項」とは、学部・学科により授与される学位や基本的な教育プログラムに加えて、例えば、医師養成、教員養成、海員養成などの資格に関する教育で、関連法令で定めている教育内容がこれにあたるが、履修の仕方次第では様々な国家資格等を取得できると学校側が謳っている場合もこれに含まれるだろう。

(2) 大学の主張に関する責任 [8.2.2 製品及びサービスに関する要求事項の明確化、8.2.3 製品及びサービスに関する要求事項のレビュー]

9001 箇条 [8.2.2] b 号は、「製品及びサービスに関する要求事項」は、「組織が、提供する製品及びサービスに関して主張していることを満たすことができる」ものでなければならないとしていることは、すでに述べた。

既述のように、学生は入学前あるいは入学時に自ら要求事項を明らかにはしない。大学側が表明している教育内容の説明に共感した者が、入学してくる。したがって、「学位授与の方針」や「カリキュラム編成方針」のほか、大学案内などで高校生・受験生に向けて記載したことのすべてが、「大学が主張していること」と解釈するのが責任ある態度である。

大学は、高校生・受験生に大学案内やホームページで教育内容等を示すが、これらは箇条 [8.2.3] が、その注記で「顧客がその要求事項を書面で示さない場合」の例として示している「カタログなどの製品情報」に該当する。つまり、この箇条は、製品に興味を示すかもしれない者への広報等は顧客への対応ととらえているようである。このことは、上記の「主張」という言葉が、学生に対するものだけではなく、高校生や受験生及び高等学校等への公表事項も含むという解釈を支持する。

これを大学にあてはめれば、大学のホームページを見たり、大学案内等の資料で大学の情報を収集した者はこの範疇に入るが、大学が彼らの意思を把握することは不可能なので（一般に、受験までは「引き合い」に相当するようなものはないかごく少ない）、**EQMS** では「潜在的顧客」という語を使う

ことで、大学の責任の明確化を図った。

3.3 カリキュラムの編成 ［8.3 製品及びサービスの設計・開発］

「学位授与の方針」の下での、教育課程編成の方針の設定及び教育課程の編成までの計画は、9001箇条［8.3 製品及びサービスの設計・開発］にあたる。三つあると記した計画の三つめである。認証評価がいう「『教育課程の編成及び実施方針』に基づくカリキュラムの体系的な編成」に相当し、教育の質保証のために、筆者がもっとも重視するプロセスである。

箇条［8.3.2 設計・開発の計画］は、カリキュラム編成の計画に関し、［8.3.3 設計・開発へのインプット］、［8.3.4 設計・開発の管理］、［8.3.5 設計・開発からのアウトプット］、［8.3.6 設計・開発の変更］へと続くサマリー的な性格を持っている。

(1) カリキュラムの組織的編成 ［8.3.4 設計・開発の管理］

9001箇条［8.3.4］は、カリキュラム編成作業の基本的な概念として大いに参考になるので、少し大きな箇条であるが、原文のままで読んでいただきたい。箇条［8.3.4］は、以下のように記している。

> 組織は、次の事項を確実にするために、設計・開発プロセスを管理しなければならない。
> a) 達成すべき結果を定める。
> b) 設計・開発の結果の、要求事項を満たす能力を評価するために、レビューを行う。
> c) 設計・開発からのアウトプットが、インプットの要求事項を満たすことを確実にするために、検証活動を行う。
> d) 結果として得られる製品及びサービスが、指定された用途又は意図された用途に応じた要求事項を満たすことを確実にするために、妥当性確認活動を行う。
> e) レビュー、又は検証及び妥当性確認の活動中に明確になった問題に対して必要な処置をとる。

> f) これらの活動についての文書化した情報を保持する。
>   注記　設計・開発のレビュー、検証及び妥当性確認は、異なる目的をもつ。これらは、組織の製品及びサービスに応じた適切な形で、個別に又は組み合わせて行うことができる。

　大胆に要約すると、設計・開発は、まず「達成すべき結果を定め」て行い、その成果を「レビュー、検証、妥当性確認」し、その結果、もし問題が見つかれば「問題に対して必要な処置をと」り、これらのすべてを文書化して残すとなる。問題は、レビュー、検証、妥当性確認である。何をしろと言っているのか、三つの言葉の差異は分かり難い。箇条［8.3.4］もわざわざ「レビュー、検証及び妥当性確認は、異なる目的をもつ」と、注記で書いているくらいである。

　レビューは、ISO 9000によれば、「設定された目標を達成するための（検討）対象の適切性、妥当性又は有効性」を判定するために行われる活動と定義され、「妥当性の判定」をレビューに含めている。一方、検証の例として、「文書のレビュー」が挙げられているので、レビューは、検証、妥当性確認と相反する概念ではなく、何かが「適切で、妥当で、有効であることを判定する」活動一般を指すと理解できる。

　検証はverificationの、妥当性確認はvalidationの訳である。Verificationは、「何かに合っているかどうかの確認」であり、validationは「正当であることの確認」を行う価値判断である。ISO 9000によれば、ともに「何かが満たされていることを確認すること」としているが、満たされるべきことは、検証では「規定されている要求事項」であり、妥当性確認では「特定の意図された用途又は適用に関する要求事項」である。前者はテクニカルなものであり、後者はより広範な、例えば大学の専門分野の人材養成の視点からのカリキュラムの妥当性を確認するといったことである。

　「妥当性」という概念は、DACの評価5項目の冒頭にも挙げられていて、ある事業が社会的、産業的背景等から見て、総合的に価値あり、かつ実行可能であるといったことを指している。こちらは分かりやすい。

　これらは、9001規格では、例えば、製造業で、設計課から製造部門への設

計図の引き渡しの前にいま一度見直すことを想定しているのだろう。大学にあてはめると、カリキュラムの編成から、教務的実務（担当教員の配置、シラバス作成、時間割編成、履修の手引の作成等）への移行の前に行うことがこれに相当する。しかし、筆者は、カリキュラム編成の作業を通じて、基本的な考え方として持ち続けるのが、この箇条の積極的な利用法だと考える。

(2) カリキュラム編成と学生・利害関係者の期待 ［8.3.2 設計・開発の計画］

箇条「8.3.2」は、設計・開発の段階で考慮しなければならない事項として、以下のように記している。a〜f号及びh号は、ごくあたり前の事項なので割愛するが、以下の二つの事項は箇条の中で項番上は下位にあるが、これらのほうが重要である。

> g）設計・開発プロセスへの顧客及びユーザの参画の必要性
> i）顧客及びその他の密接に関連する利害関係者によって期待される、設計・開発プロセスの管理レベル

g号は、カリキュラム編成への学生等の参加が必要か否かである。学生は、学びの体系をまだ理解していないことから無理があるが（ただし、導入されつつある教育領域もある）、エンドユーザである企業や産業界の意見を聴くのは近年ほぼ常識となりつつある。

i号は、学生や就職先企業や産業界がカリキュラム編成に期待する管理レベルを指すことになるが、大学による体系的で責任あるカリキュラム編成の制度や説明が、社会的に納得して貰えるレベルのものかにあたるだろう。このレベルでの情報発信は、いまだに手つかずの領域ではないかと思う。

なお、EQMSでは、個々の授業科目の実施でもPDCA(sub)を適用しているので、「設計・開発」での考え方は、あとでシラバスの作成にも応用する。

(3) カリキュラム編成の初期条件 ［8.3.3 設計・開発へのインプット］

カリキュラムは、大学・学部の学位授与の方針の下で編成されるべきものである。教員が替わったからといって、新任者の専門分野によって変えられ

るようなものであってはならない。

　カリキュラム編成の最初の段階で明確化するカリキュラムの特性に係る要件は、9001 箇条［8.3.3］が「設計・開発へのインプット」として考慮しなければならないとしている事項に倣うと、以下のように書ける。「考慮」だから、もちろん該当する事項があればであるが、大学教育の場合は、以下のようにすべてあてはまる。

> a) カリキュラムが持つ機能及び期待される成果に関する事項
> b) 以前のカリキュラムの点検結果から得られた情報
> c) 法令や上位機関からの通達等で求められる事項
> d) 実施することを大学が正式に定めている標準又は規範
> e) カリキュラムの性質に起因する失敗により起こり得る結果（リスク）

　箇条［8.3.3］によれば、これらは、カリキュラム編成の目的に対して「適切で、漏れがなく、曖昧でないものでなければならない。」
　a 号のカリキュラムが持つ機能に関して求められる事項とは、「製品に求められる機能及び性能」ということなので、編成しようとするカリキュラムから学生が獲得できる能力である。学位授与の方針（教育達成目標）で掲げている知識、技能、総合的能力等がこれに該当する。
　b 号と c 号の説明は必要ないだろう。
　d 号は、当該教育プログラムが何らかの国内・国際標準等に従って運営されている場合があたる。例えば、最近の医学教育や獣医学教育の国際標準化や、医学や心理学などの分野で、学会等が定めた倫理規範に従うことを大学が定めている場合などがあたる。
　e 号の意味するところは、例えば、カリキュラム編成の際の考慮不十分さから、卒業要件単位数の修得や期待されている資格取得が困難になるような事態を起こりにくくするリスク管理だろう。
　本章第 3.2 節(1)で示した、箇条［8.2.3 製品及びサービスに関する要求事項のレビュー」の各号と重複する部分もあるが、こちらの方がより具体的である。設計・開発という具体的な作業の初期条件であるから、当然だろう。

このように書いてくると、すべて当たり前のことばかりだが、我々はカリキュラム編成に際してこうした事項をあまり明確にしないまま、議論してきたのではないか自省する。

(4) カリキュラムPDMを利用したカリキュラム編成

EQMSでは、PDM法を用いてカリキュラム編成の計画を明確にしている。カリキュラムPDMは、カリキュラムに関する全体計画である。PDM法では、スーパーゴール（教育上の目的＝人材養成目的）から、それを達成するために必要な知識・技能や態度、志向性などの要素（学位授与の方針＝教育達成目標）をPCM法によって導出するので、両者の整合性はその方法で自然に満たされる。また、PDM法は指標を明確にするので、レビュー、検証及び妥当性確認にも便利である。このようなシステムを構築すること自体で、学長等のコミットメントも明らかである。

さらに、学位授与の方針が示す獲得すべき知識・技能や態度、志向性などからカリキュラム内容に落とし込むことが担保されているので、「学士課程」答申が提唱している、「何を教えるか」よりも「何ができるようになるか」への転換を担保する手法でもある。

筆者の前職の学部では、平成16年に人材養成目的を定め、それに従って平成17年に7項目の教育達成目標を定めた。これらの項目は、平成20年の中教審答申「学士課程教育の構築に向けて」に例示された学士力の各項目（≒学位授与の方針例）にきわめて近いものであった。平成20年から25年頃に求められるようになったことを、PDM法を利用することで平成16年〜17年に独自に達成したことは、本書が提唱するシステムモデル（EQMS）が持っている力を示すものとして、手法の確かさを再確認したものである。

EQMSのPDMでは、各専門分野特有の教育上の必要性を明確にするために、sub-PDMを用いる。大学全体のPDMの下に学部・学科ごとのPDMを作成することを指す。特に意図したわけではないが、9001規格がいう「組織内のしかるべき部門及び階層での製品要求事項」を明確にすることになった。

カリキュラムPDMは、教育上の目的からカリキュラム編成まで一連の作

業で breakdown していく手法なので、ここまでの記述では学務全体の計画とはあまり区別せず、学位授与の方針の策定から、カリキュラム編成までを一連の計画作業として記述してきた。教育上の目的からカリキュラム編成までを一貫性のあるものとすることは、法的に定められており、上の考え方はそれに対応するものでもある。

ただし、学務全体の計画にはカリキュラムの編成に加えて、人員及び施設・設備の計画が入っていることを、再度確認しておきたい。これは、第 2 章第 2.2 節で、PDM の作成に続いて、資源の投入計画を作成するのが一般的な手法であると説明したとおりである。

3.4 カリキュラム編成結果の要件 ［8.3.5 設計・開発からのアウトプット］

カリキュラム編成の結果がどのようなものでなければならないかは、9001 箇条［8.3.5］が示している。箇条［8.3.5］は、以下のように記している。

> 組織は、設計・開発からのアウトプットが、次のとおりであることを確実にしなければならない。
> a) インプットで与えられた要求事項を満たす。
> b) 製品及びサービスの提供に関する以降のプロセスに対して適切である。
> c) 必要に応じて、監視及び測定の要求事項、並びに合否判定基準を含むか、又はそれらを参照している。
> d) 意図した目的並びに安全で適切な使用及び提供に不可欠な、製品及びサービスの特性を規定している。組織は、設計・開発のアウトプットについて、文書化した情報を保持しなければならない。

a 号の「インプットで与えられた要求事項を満たす」という規定を確実に実行するのは、さほど簡単なことではないが、EQMS は、これもカリキュラム PDM で満たしている。カリキュラム PDM は、そのものが設計の論理を示すものであり、学位授与の方針から、カリキュラム編成の方針、必要な授業科目のコンテンツの導出までが、分かりやすい形式になっている。

b 号は、「カリキュラム編成後の、授業の実施等の活動に対して適切であ

る」と読み替えられる。別言すれば、教員の専門分野や力量と現有施設の利用法の最適化がなされているか、この段階で確認されなければならない。統合型学務管理の考えがここで生きてくる。

c 号は、製造業の場合、設計・開発が終わった段階で、生産現場に対して製造過程でのモニタリング法や製品の合否判断の基準を示すことを指すのだろう。したがって、この号は、「カリキュラム実施のモニタリングの要求事項及び教育プログラムの適否を判定する基準が定められている」と読み替えられる。これは、学生の合否判定基準ではなく、カリキュラム及びその実施そのものの合否の判断である。この点は重要である。

カリキュラム及びその実施そのものの合否（適否）の評価というのは、これまで大学ではあまり持たれてこなかった発想である。教育の質保証のために、大学はこの考えを導入することを是非提唱したい。

d 号は、「意図した教育上の目的並びに進級・卒業等に至る適切な履修法及び教育法に不可欠なカリキュラムの特性を規定している」と読み替えられる。例えば製品の場合、顧客への「適切な使用に関する注意事項」に記載する必要がある特性を指すのだろうが、大学教育に置き換えると、学生が適切な体系的履修ができるようにすることが、「適切な使用」にあたり、それを大学側が制度化して実施することが「適切な提供」にあたる。すなわち、開講期や必修・選択の別などの情報や履修上の注意等を計画段階から含んでいることが必要である。適切な履修モデルが示されていることも、これに該当するだろう。

(1) カリキュラムの変更管理 ［8.3.6 設計・開発の変更］

カリキュラムの変更には、授業科目のコンテンツの変更から、授業科目の改廃、カリキュラム編成の方針の変更によるカリキュラム全体の改訂など、さまざまなレベルがある。

これらの管理には、9001 箇条［8.3.6］があたる。要約すると、これらの変更を「識別し、レビューし、管理」しなければならない。これらの点でも、カリキュラム PDM の採用で満たすことができる。

箇条［8.3.6］に従えば、カリキュラムの変更の「d）悪影響を防止するた

めの処置」を文書化して残すことが求められるが、例えば、学生の履修に支障が出ないように、カリキュラム改訂に伴う学年進行による読み替え科目の管理を行うなど、大学が伝統的に行ってきたことがあたるだろう。

a) 変更の内容、b) レビューの結果、c) 変更の許可などの文書化も求められているが、カリキュラム編成を担当する委員会の議事要旨、教授会による審議、教務事務の記録等で自然に満たされるので、特に新しい視点はない。

ただ、時として、カリキュラムの変更により学生の履修上の不都合が発生することがあるのは、多くの大学関係者が経験したことがあるだろう。この点からでも、9001規格が「設計・開発の変更」の管理のために一項をたてている意義に注目したい。

(2) カリキュラムの実施前の検証 ［8.6 製品及びサービスのリリース］

9001箇条［8.6］は小さな条項であるが、重い内容を含んでいる。以下に、その主要部分を抜粋して引用する。

> 組織は、製品及びサービスの要求事項を満たしていることを検証するために、適切な段階において、計画した取決めを実施しなければならない。
> 計画した取決めが問題なく完了するまでは、顧客への製品及びサービスのリリースを行ってはならない。

第1段落は分かりにくい。英語の原文を見ると、「適切な段階において」は英語の公用文によくあるただし書の挿入である。そこを外して読むと、中心は、「要求事項を満たしていることを『検証するために計画してある決めごと』を行う」点にあることが分かる。

つまり、編成されたカリキュラムが、当初計画した要求事項に適合していることを、その施行のまえに検証する手続きが確立していることが求められていることになる。すなわち、箇条［8.3.3 設計・開発へのインプット」e号に規定している「カリキュラムの性質に起因する失敗により起こり得る結果（リスク）」の検討も、カリキュラム施行前に行う責任がある。

第2段落は、学位授与の方針の決定からカリキュラム編成まで、問題なく

構成されていることが確認できるまで、新カリキュラムを実施してはならないと読める。カリキュラムが「大学が主張していることを満たさなければならない」という視点に立てば、このリリースの時点というは、それによる授業開始ではなく、新カリキュラムによる便益等の公表・広報の開始と見るのが、責任ある大学の姿勢だろう。

4. 教育プログラムの実施：DO [8.5 製造及びサービス提供、8.5.1 製造及びサービス提供の管理]

編成されたカリキュラムに従った教育の実施は、9001箇条 [8.5] の「製造及びサービス提供」に相当する。その管理方法には、箇条 [8.5.1 製造及びサービス提供の管理] があてはまる。重要な部分なので、少し大きいが、箇条 [8.5.1] をそのまま引用する。

> 組織は、製造及びサービス提供を、管理された状態で実行しなければならない。
> 　管理された状態には、次の事項のうち、該当するものについては、必ず含めなければならない。
> a) 次の事項を定めた文書化した情報を利用できるようにする。
> 　1) 製造する製品、提供するサービス、又は実施する活動の特性
> 　2) 達成すべき結果
> b) 監視及び測定のための適切な資源を利用できるようにし、かつ、使用する。
> c) プロセス又はアウトプットの管理基準、並びに製品及びサービスの合否判定基準を満たしていることを検証するために、適切な段階で監視及び測定活動を実施する。
> d) プロセスの運用のための適切なインフラストラクチャ及び環境を使用する。
> e) 必要な適格性を含め、力量を備えた人々を任命する。
> f) 製造及びサービス提供のプロセスで結果として生じるアウトプットを、それ以降の監視又は測定で検証することが不可能な場合には、製造及び

> サービス提供に関するプロセスの、計画した結果を達成する能力について、妥当性確認を行い、定期的に妥当性を再確認する。
> g) ヒューマンエラーを防止するための処置を実施する。
> h) リリース、顧客への引渡し及び引渡し後の活動を実施する。

　a号の二つの事項には、1) 教育プログラムを構成する授業科目とそれらの特性及び 2) 学修の達成目標としての学位授与の方針を記載した履修の手引等による情報提供が該当する。次節で述べる9001箇条［8.2.1 顧客とのコミュニケーション］によれば、顧客とのコミュニケーションには、「製品及びサービスに関する情報の提供」を含めなければならないので、それを反映させると、学生に教育プログラムの体系を説明した上で、その理解と進歩を把握しつつ教育プログラムを提供しなければならないといった、踏み込んだ理解をしたいところである。

　b号以下は、b) 及び c) 教育プログラム提供の適否に関するモニタリングの制度化と実施、d) 教室、実験室等の適切な提供と学修環境の管理、e) 教職員の適切な配置、f) 学修成果のモニタリング及び点検・評価、g) 教職員の教務業務の確実化、h) 卒業生等による教育プログラムに対する評価の取得等などと読み替えられる。

　上記の多くは、大学の学務業務では一般的なものであるが、b号及びc号の教育プログラム実施のモニタリングの制度化は行われていないことが多いのではないだろうか。f号の学修成果のモニタリング及び点検・評価は、近年の中教審答申などでもたびたび触れられている、今日的な課題である。

4.1　学生への説明と履修指導 ［8.2.1 顧客とのコミュニケーション］

　学生とのコミュニケーションに、9001箇条［8.2.1］が相当するのは、本章第2.2節の「学生のニーズと期待の把握」の項ですでに触れた。ただし、第2.2節で示したのは、大学が受け手となるコミュニケーションで、ここで論じるのは、学生が受け手となるコミュニケーションである。

　この箇条のa号として「製品及びサービスに関する情報の提供」をコミュ

ニケーションに含むべきものの第一に挙げている。既述のように、学生（特に入学時の学生）は、自分が学んでいる、すなわち自分が履修していく授業科目群が構成する学びの体系（教育の体系）の全貌はまだ知っていない。したがって、4年間を通じて、各段階での学びの体系の説明が不可欠である。

現在の大学では、CAP制（学期あたりに学生が履修登録できる単位数の上限の定め）が採用されているのが普通なので、学生が野放図に履修していくと4年間では卒業できないといったことも起こり得る。したがって、体系的で合理的な学修（履修）のためには、履修モデルの提示や、履修規則に従った長期にわたる履修指導が必要である。これは大学教育をサービス提供とみた場合の大きな特徴である。CAP制のような制度は、顧客の製品購入の制限というイメージがあるかもしれないが、製品の機能を最大限に利用して貰うための履修の方向付けの手段と解釈したい。

大学では、近年、単位の実質化の必要性が強調され、授業前後の学修の適切な指導が求められるようになった。設置基準は、「1単位の授業科目は45時間の学修を必要とする内容」とするとともに、例えば、講義・演習では、授業「15時間から30時間までの範囲で1単位とする」としている。したがって、例えば講義で、現在多くの大学が採用しているように1時間の授業15回で1単位とするのであれば、30時間の事前事後の学修を必要とするような課題等を適切に与えなければならない。

これも、学生に十分説明する必要がある。筆者は、以前、そういった課題を学生に与えたところ、「アルバイトやプライベートな時間がなくなる。」と学生から食ってかかられたことがある。上のような基本的な考え方は、まだまだ学生には周知されていないと思う。

以上みてきたように、大学教育は、顧客への説明が不十分であれば、製品がまともに完成しないか、法律違反さえ起こしかねないといった特殊性を持っている。

履修指導と同時に、おもに事務職員が行う学生の履修登録を管理する教務事務もここで論じる範疇の業務である。現在は多くの大学で、履修登録は専用の教務管理ソフトを用いて電子的に行われているので、登録手続き漏れなどの可能性はごく低くなっているが、CAP制に反する数の授業科目の登録、

時間割上の同一コマの授業科目の登録、pre-requisite 科目（ある科目を履修するためには別に定められた科目が既習であることを求める制度）の履修など、履修要件に反する登録を自動的に拒否する機能が不十分な場合は、不適合が発生するリスクがある。

4.2 個々の授業科目の教育

　教育課程の実施のマネジメントと同時に、個々の授業の誠実な実施もきわめて重要であることから、9001 規格の顧客への対応の基本は、すべて個々の授業科目の実施にもあてはめるべきである。EQMS では、これをマネジメントするために小さな Sub-PDCA サイクルを設定し、ここにも、運用に関する箇条をできるだけ適用し、授業の質の保証を図っている。

　以下では、個々の授業科目の、シラバス作成、授業の提供、モニタリング、授業の改善という流れを PDCA の視点から考察する。

4.2.1 授業科目の計画（シラバス）：Sub-P

　個々の授業科目レベルでの学生対応の出発点（計画）は、Sub-PDCA の Sub-P であるシラバスの作成である。

(1) シラバスが備えるべき状態［8.3.5 設計・開発からのアウトプット］

　シラバスは、カリキュラム体系の計画書であるカリキュラム PDM に従って作成される、授業実施のための小さな計画書である（意義が小さいというのではなく、カリキュラム全体の計画に比べて、その一部であるという意味で）。シラバスを授業科目の概要説明書とはみなさず、その科目で責任を持って教える内容に関する、大学と学生の間の契約書であるとの立場をとることを唱えたい。

　本章第 3.4 節に全文を示した 9001 箇条［8.3.5］をシラバスにあてはめれば、シラバスが具備すべき状態は、以下のとおりとなる。

a) 教育課程の編成（カリキュラム PDM）から与えられた事項を満たす。

> b) シラバスに従った授業や連携機関による教育の実施に対して適切である。
> c) 授業実施のモニタリングの要求事項及び授業の適否判定基準が明らかである。
> d) 授業科目の目的並びに進級・卒業等に至る適切な履修法及び教育法に不可欠な、授業科目の特性を規定している。

　a号とb号は、個々の授業が体系的な教育の一端を担うことを担保するものである。c号とd号の視点から見れば、授業概要ばかりでなく、十分な履修上の注意やアドバイスをシラバスに含むことが求められる。

(2) シラバス作成の手順［8.3.2 設計・開発の計画、8.3.4 設計・開発の管理］

　シラバスの作成は、本章第3.3節(1)に全文を示した9001箇条［8.3.4］の要求事項を満たすのが望ましい。

　この考えに従えば、作成されるシラバスについて、上位の計画であるカリキュラムPDMでの授業科目の目的や内容を満たすほかカリキュラム全体の中で果たす役割等のシラバスの内容についての、十分なレビュー、検証、妥当性の確認が必要であり、シラバス作成の手順は相当厳格になる。既述のように、シラバスを大学と学生の間の契約書とみなせば、この厳格さは当然である。例えば、シラバス作成手順は、以下のようになる。

> ア) 授業科目のコンテンツは、教育課程編成で決められたものとする。
> イ) 授業科目を主として担当する教員は、シラバス作成要項に従ってシラバスを作成する。
> ウ) 担当教員は、作成したシラバスについて、適用される法令等の情報等を明確にし、レビュー、検証、妥当性確認を行った上で、シラバス点検を担当する委員会（以下「委員会」という。）に提出する。
> エ) 委員会は、提出されたシラバスについて、授業目標、内容、合格基準等の内容がシラバス作成要項に従っているか点検する。
> オ) 委員会は、提出されたシラバスに改善が必要と判断した場合には、作成

者に修正を求める。不具合等がなければ承認する。
カ) 委員会は、シラバス点検の結果を学部長等に報告する。

　ア号は、箇条 [8.3.4] c 号にある、「インプットの要求事項を満たす」に対応する。イ号は、箇条 [8.3.2 設計・開発の計画] に含まれる計画に係る責任及び権限の明確化である。ウ号は箇条 [8.3.4] の b 号から d 号に含まれるレビュー、検証や妥当性確認に相当する。エ号は 9001 規格の随所にある承認に、オ号は箇条 [8.3.4] の e 号にある問題点に対する処置に対応する。

　「レビュー」の項では、「授業外の学修方法が明確か」等の FD 活動を通じて学生が疑問視する声が多い項目を挙げ、これらが改善されているか否かのレビューを求めるのがよい。「検証」の項では、教育に関する要求事項を満たしているか、法令・規制要求事項を満たしているかの判断をいま一度行うことを求める。「妥当性確認」の項では、視点を変え、内容が社会的ニーズや学生ニーズに対応しているか、内容が学生にとって受講しやすいか等について総合的な判断を求める。

　一部の教員からはいまだに、「シラバスをいくら丁寧に作成しても、学生は読まない」との声を聞くことがあるが、シラバスを読むことによって得られる便益の説明が不十分だからだと思う。

(3) シラバスの完成 [8.6 製品及びサービスのリリース]

　本章第 3.4 節(2)で参照した 9001 箇条 [8.6] が、「要求事項を満たしていることを検証するために定めたことの実施」としているのは、上記のシラバス点検委員会のような組織がレビューする制度が確立していることにあたる。「計画した取決めが問題なく完了するまでは、顧客への製品及びサービスのリリースを行ってはならない」としているのは、シラバスは授業開始前に必ず委員会の承認を得なければならないことを意味する。

　多くの大学でこれらは外形的には行われているだろうが、授業内容が授業科目の要求事項を満たしていることの検証と、不手際等によって発生するリスクの検討までを含めたレビュー、検証及び妥当性確認が完了するまでは授

業に用いてはならないとするのは、かなり高いハードルである。

4.2.2 授業科目の実施：Sub-D

(1) 授業の実施［8.5.1 製造及びサービス提供の管理］

　授業の実施管理は Sub-PDCA の Sub-D であり、ここでも本章第4節の冒頭で教育プログラムの実施に適用した箇条［8.5.1］に従うこととする。

　箇条［8.5.1］が定める管理方式を授業実施に適用すると、a 号が求める文書にはシラバスが、それが含むべき二つの事項には、授業科目の内容とカリキュラムの中で担う役割及び授業科目の達成目標等が該当する。b 号及び c 号には、授業の適合度等を学生に問うアンケートその他の授業実施のモニタリングの制度や、教員による授業の自己モニタリング等が求められる。

　d 号には、授業科目に適切な施設・設備（教室等）や機材の提供と学習環境の管理が必要である。e 号には、適切な資格と力量を備えた担当教員や支援要員の配置が該当する。g 号には、授業科目に関する履修条件や卒業要件との関連等に関する教職員からの学生への正確な説明を担保する資料等が、h 号にはオフィスアワーの設定と確実な運用や授業前後の学修の適切な指導（課題提供等）などが含まれるだろう。

　f 号は分かりにくいが、授業終了後に学生アンケート等によりモニタリング及び検証を行い、各授業科目で計画した学修成果が得られたかを点検・評価する制度が確立されていれば、この号は適用除外となる。

(2) 学生の所有物［8.5.3 顧客又は外部提供者の所有物］

　大学関係者には、製品・サービス提供と顧客の所有物の関連がそもそもイメージし難いだろう。もともと、例えば、製品の性能を検査するために注文主が持っている計測器を使用したり、製品の中に注文主がすでに所有している機器類等を組み込むようなケースの管理方式を記していたものだろう。ただし、英語の原文を読むと、'property belonging to customers . . .'なので、「顧客等に帰属する財・権利」であり、上記より広い概念である。

　9001 箇条［8.5.3］を要約すると、「使用するため又は製品に組み込むた

めに提供された顧客の所有物が組織の管理下にあるあいだは、それらを識別、検証及び保護・防護しなければならず、紛失若しくは損傷した場合等は顧客に報告する」となる。

　教育の場合、例えば、学生所有のパソコン等を持参することを前提とした授業実施の際のパソコンや、一人の学生のレポートを題材にゼミで議論するような場合のレポートなどがこれに該当する。これらを、紛失又は損傷したりしないよう、適切な保護（保管）を行うのは当然である。

　注記では、顧客が所有する知的財産も含めている。大学院教育では大きな課題であるが、学士課程教育では該当することは少ないだろう。注記はさらに個人情報も含めており、第一段落後半に記した解釈を支持している。

(3) 試験と成績評価基準

　大学では、授業の終了時に試験を行い、評価し、成績を与えるのが常識であるが、このように顧客の製品理解度を組織が評価するというのは、9001規格には直接該当する箇条がまったくない。このことは逆に、一般の製造・サービス業に比べてきわめて異例であるということを浮き彫りにしている。

　近年、成績評価基準の明確化や学修成果の評価が強く求められるようになっている。ISO 9001が基本的に持っている組織と顧客とその間にある製品・サービスの関係の考え方によれば、授業から得て貰いたい能力や知識をあらかじめ明示し（製品・サービスの説明）、試験は、それを達成しているか否かを確認するために行うといった考えが必要になる。つまり、授業の達成目標、授業内容、試験の内容の整合性を求める制度が必要である。この整合性を確保するためには、成績評価基準はおのずと明示しなくてはならなくなるはずである。

　合格者に対して、秀から可までの評価をどう与えるかについても合理的な制度が必要である。これを相対評価と考えるむきもあるが、合格基準をどの程度凌駕しているかを基準とした絶対評価と考えるのが合理的である。

　これらは、大学では従来あまりにも当たり前過ぎて、教育の質保証上での課題であるとは認識されてこなかった領域である。議論の深化が望まれる。

4.2.3 授業のモニタリング：Sub-C

(1) 授業のモニタリング［8.5.1 製造及びサービス提供の管理］

　個々の授業科目の授業の check には、本章第4節及び前節で適用した 9001 箇条［8.5.1］のうち、モニタリングに関する条項を利用する。該当部分を、大学教育に合わせて書き下すと以下のようになる。

> b) 授業のモニタリング制度を定め、実施する。
> c) 授業の管理基準及び適合・不適合の判定基準を満たしていることを検証するために、モニタリングを行う。

　b 号について、規格では「監視及び測定のための適切な資源の利用」と書いているが、授業をモニタリングする機器はないと考える。授業のモニタリング（例えば、15回の授業の確実な実施やシラバスに従った授業実施のモニタリングなど）の制度化は、まだ不十分な大学が多いのではないだろうか。

　c 号の「授業科目の授業の管理基準を満たしていることの検証」は、学生アンケートにより行うのが一般的である。志學館大学における学生による授業評価アンケートは、以下のような方法で行われている。

1) 「シラバスに沿った内容であった」、「予習、復習課題やアドバイスは適切であった」、「配布又は指定されたテキスト等は理解の助けになった」など 22 項目（学生自身の学修行動に対する質問を含む）及び自由記述からなるアンケートを学務管理 Web を通して、一部の除外科目を除く授業科目について行う。
2) アンケート結果を授業科目担当教員に送付する
3) アンケート結果を IR 室が分析し、各質問の点数分布と統計値（平均値、標準偏差、95%分布範囲等）を全教員に知らせ、自己点検・評価の助けとする。
4) 教員は、自己点検・評価に基づき、授業改善計画を学部長に提出する。
5) 評価が高い又は特徴的な評価を得た授業の担当教員には、nice teacher として、FD 研修の一環として授業の工夫等について事例紹介して貰う。

c 号にある「授業の適合・不適合（合否判定）の判定基準」を設定するまでにはまだ至っていないが、アンケート各項目の評価点の95%分布範囲を示し、分布範囲の下限を下回るようならその項目の改善が必要であることを説明している。自己による相対的な評価ではあるが、製品の合否判定という考え方はかなり満たしていると思う。

近年、単位の実質化や厳格化が求められているが、筆者は、今後、学期のあいだの授業の進行を教員が自己モニタリングすること、成績ばかりでなくモニタリングの完了をもって授業科目の教育完了とみなすこと等、授業実施の実質化のための保証制度が必要だと考えている。

ただし、授業実施時のシラバスの一部変更は、必ずしも不適切なことではない。授業科目の分野で大きな学問的発展等があった場合に、一部のコンテンツと入れ替えてそれを取り入れる場合などは妥当な修正である。シラバスに沿った授業の実施ということの趣旨を硬直化し過ぎると、魅力的な授業の実施という点で弊害が起こる。

以上見てきたように、教育体系の質保証のための check に比べて、授業実施の確実化のための check のほうが難しい。本学も含めて、十分にできている大学はまだ少ないのではないだろうか。

(2) 授業科目実施での不適合　[8.7 不適合なアウトプットの管理]

「不適合」とは、「決めたことに合致していない」という意味で、約束したことを果たせていない場合も含む。様態、軽重はさまざまである。

授業科目の実施の段階（プロセス）で想定される不適合と考えられるものを表4にまとめる。先の「授業のモニタリング」の節で列挙した管理対象を基に、具体例を挙げたものである。多くの大学では、例えば15回の授業が行われたかどうかといった不適合を、学生アンケート等以外から情報を得る制度は持っていないのではないだろうか。

ここでは、苦情を例に加えたが、履修の手引きやシラバスには明示していないが、社会的に確立している慣習や大学の他の制度（例えば、安全管理規則やハラスメント防止規則など）で明らかにしている事項からの逸脱の指摘

表4 授業科目の実施で想定される不適合の例

分 類	不適合の例
教員関係	・適格性・力量が不十分な者による授業があった。
施設・設備、環境等関係	・シラバスに記載されている資料等が配布されなかった。 ・授業目的に適した予定した教室が使用できなかった。 ・授業で使用予定の設備、機器等が破損・故障していた。 ・授業中に教職員又は学生に事故が発生した。
授業実施関係	・規程の回数の授業が実施されなかった。 ・授業の内容がシラバスに従っていなかった。 ・成績判定基準を定めていない、又は正しく適用されなかった。 ・外部連携機関による教育・指導が大学の教育の質保証制度を満たしていなかった。
授業に関する規則関係	・授業前後の適切な学修指導（課題提供等）がなかった。 ・オフィスアワーに正当な理由なく対応して貰えなかった。 ・授業アンケートが実施されなかった。
その他	・授業の内容・方法に関する学生からの苦情があった。

を指すものとする。授業に関する苦情やアピールが学務の責任者に上がってくる確立された制度はできていない場合が多いのではないだろうか。例えば、学生を不愉快にさせるような教員の発言等は、不適合である可能性が高いが、事態が重篤化する前に把握し、改善し、再発を防止するためにも、苦情アピールの制度はぜひ確立すべきである。

4.2.4 授業科目の改善：Sub-A ［10.2 不適合及び是正処置］

　前節でみた授業実施で発生する不適合への対処法である。授業の改善というと、分かりやすい授業にしたり魅力的なものにするといった側面が注目されがちであるが、教育の質保証の立場からはまず、決めたことを確実に行い、決めたことへの不適合をなくす又は減らすというのが第一歩である。

　授業に不適合があった場合の改善には二つの道筋がある。9001 箇条 ［10.2.1］のうちこれに該当する部分は、以下のように記している。

> 不適合が発生した場合、組織は、次の事項を行わなければならない。
> a) その不適合に対処し、次の事項を行う。
>   1) その不適合を管理し、修正するための処置をとる。
>   2) その不適合によって起こった結果に対処する。
> b) その不適合が再発又は他のところで発生しないようにするため、次の事項によって、その不適合の原因を除去するための処置をとる必要性を評価する。
>   1) その不適合をレビューし、分析する。
>   2) その不適合の原因を明確にする。
>   3) 類似の不適合の有無、又はそれが発生する可能性を明確にする。
>   ※ 一部の文言を省略してある（筆者注）。

　a号は不適合なアウトプット（授業）そのものへの修正等の対処で、是正処置と呼ばれる。b号は再発防止及び予防措置である。

(1) 不適合な授業の是正処置［8.7 不適合なアウトプットの管理］

　品質管理の出発点は、不良品を出さない、又は極力減らすことにある。9001箇条［8.7］は、「要求事項に適合しないアウトプットが誤って使用されること又は引き渡されることを防ぐために、それらを識別し」、「適切な処置をとらなければならない」としている。「適切な処置をとる」とは、不適合の程度に見合った処置をとるべきであるということで、いたずらに過大な処置をもって責任ある態度とするものではない。

　箇条［8.7.1］は、不適合なアウトプットの処理方法として、以下のような処置を記している。

> a) 修正
> b) 製品及びサービスの分離、散逸防止、返却又は提供停止
> c) 顧客への通知
> d) 特別採用による受入の正式な許可の取得

a号の「修正」とは、もともと、例えば設計どおりに仕上がっていない部分の再加工などを指したものだろう。

個々の授業科目レベルでは、学期と学務事務の流れからいって、相当重大なケースでなければ、不適合の修正・除去は難しい。筆者が以前勤務していた外国の大学で、学生のクレームに基づいて大学が調査した結果、授業内容が不適切という結論になり、別に招聘した教員が数回分の授業をやり直し、試験も再実施したケースがあった。このような措置は、日本ではまだ難しいだろう。ただし、それゆえにこそ、確実な授業実施が強調されるべきである。

b号であるが、不適合な授業でも、授業が完了した時点で、散逸することはないし、分離や提供停止の対象にもなじまない。ただし、単位付与までを考えると、不適合な授業で付与された単位の分離やその有効性の停止は、理論的には可能である。受講した学生への影響があまりに重大であることから、そういった処置は非現実的であるが、授業を少なくとも学生に約束したとおりに実施する責任の重要性について、この箇条が教えてくれる。

d号の「特別採用」とは、例えば、設計とわずかに異なる製品を発注者が使用上問題なしとして受け入れるような場合を指す。教育現場では、シラバスに記載された内容の一部を入れ替えて授業を行ったのに対し、学生が「それでよかった」と受け入れるようなケースである。

筆者は、以前「国際水産開発管理学」を教えていた頃に、スマトラ沖地震でインドネシアのアチェ州が甚大な津波被害を受けた時に、予定されていた一般的なODA（政府開発援助）に関する授業に代えて、アチェ州の漁村社会の復興計画への支援策を考えるというPCM Workshopを実施したが、すべての学生が受け入れてくれたことがある。ただし、学生に理解して貰うには、シラバスの持つ意味を誠意をもって説明しておくことが不可欠である。また、特別採用の乱用は、授業の質保証を骨抜きにしてしまう可能性があるので、厳に慎まなければならない。

上で見てきたように、この箇条は、授業科目の実施の確実化がいかに重要かを浮き上がらせてくれる。卑近な言い方をすれば、授業で取り返しはつかない。一人の大学教員として、甘えてきたところがないか自省したい。

(2) 不適合な授業の再発防止［10.2 不適合及び是正処置］

　授業の改善の第一歩は、前節の表 4 で列挙したような不適合な授業が発生した場合の再発防止策である。9001 箇条［10.2］の b 号によれば、「不適合をレビュー・分析し、原因を明確にし、他所での類似の不適合の有無又はそれが発生する可能性を明確にする」必要がある。

　箇条［10.2］のうち、先に引用しなかった部分に、必要な場合には、「e) 計画の策定段階で決定したリスク及び機会を更新する」と「f) 品質マネジメントシステムの変更を行う」とある。既述のとおり、いたずらに過大な対処を求めるものではないが、不適合な授業が頻発したり、重大な欠陥が発生した場合、学務制度そのものを見直す姿勢は必要である。

　例えば、筆者の経験では、15 回の授業が行われなかった不適合について調べたところ、担当教員は補講をしたくても補講に適切な時間が見つからなかったためという例が多いことが分かり、時間割に授業科目をまったく入れない補講専用の時間帯を設けたことがある。このように、個々の授業の不適合の発見から学務全体の改善に繋がるような場合もある。

　予防措置に至るには、不適合からとは異なるもう一つの道筋がある。いわゆる「ひやりはっと」から、潜在的な不適合やその原因が推定される場合はよくある。授業現場では、予定していた教材、授業用の機器がすぐには見つからなかったとか、予定していた教室がすぐには使用できなかった、実験科目の手順の不備により事故に繋がりかねない事態が発生したなどが例である。それらが実現してしまうのを未然に防ぐのが予防措置である。対処策は、前段落の再発防止と基本的に同じである。

4.2.5　授業科目実施のトレーサビリティ［8.5.2 識別及びトレーサビリティ］

　9001 規格には、「識別及びトレーサビリティ」という箇条がある。必要な場合とことわりつつ、「アウトプットを識別するために、適切な手段を用い」、トレーサビリティのためには「一意の識別を管理」するものとしている。

　「識別」という分り難い言葉が使われているが、もともと、例えば製造工

程で規格外になったものと適格品が混じらないようにするといったことを指していたようである。教育分野でいえば、何かの事情で規定どおり授業が完了していない授業科目に誤って単位が出されないように、正常に終了した授業科目と分別する措置などが考えられる。

　「一意の識別」というとさらに分かり難いが、unique identification の訳なので、「一つの製品に至るまでの識別」と考えていいだろう。大学教育の場合は、不適切に実施された授業科目及びそれを履修した学生に至るまでの識別と考えるのが自然である。

　製品の履歴を知る必要があるのは、おもに製品の不具合等が見つかり、その原因を探りたい場合である。不具合の再発防止策の検討への利用がおもな目的だろう。ただし、このためには、「一意の識別」は、授業の内容、教え方、試験内容等までトレースできるものである必要がある。

　一方、トレーサビリティは、製品の出荷後のことを想定しているからこそ必要になるという側面もある。この点では、大学教育でエンドユーザである就職先企業からトレーサビリティが求められることは、いまのところあまりない。つまり、日本の社会では、「○○学をちゃんと教えているかどうか知りたい」といった問い合わせが就職先企業から寄せられることはまずない。ただし、今後は企業等から単位を取得している授業科目の内容などの問い合わせがあるようなことも想定されるので、対応しておいたほうがよい。

　この領域では、大学教育では、長いあいだに培われた履修、単位認定、修得単位数の記録管理の手続きが確立しており、9001 規格の視点から見ても、現行の教務管理システムでまず問題はない。ただ、筆者は管理職として、シラバスが確立していなかった時代の卒業生の履修科目の内容の証明を外部機関から求められたことがあり、当該科目の内容がどのようなものであったか分からず、対応しきれなかった経験がある。もし、シラバスに従っていない授業が多いようなら、シラバスの内容でトレースできるとするのは、大学として誠実な態度ではないだろう。

　以上で授業科目レベルでの Sub-PDCA を終わり、以降、教育プログラムのマネジメントに戻る。

4.3 外部組織と連携した教育の質保証 ［8.4 外部から提供されるプロセス、製品及びサービスの管理］

　近年、海外の大学と連携したダブルディグリー、国内外の大学との連携による単位互換やインターンシップなど、外部の機関と連携した教育が推進される傾向にある。

　これらは、9001箇条［8.4］が規定している、例えば製造業で部品の製造やサービス提供の一部をアウトソースしている場合に相当する。箇条［8.4］は、［8.4.1 一般］、［8.4.2 管理の方式及び程度］、［8.4.3 外部提供者に対する情報］からなり、大学教育関係者から見ると、驚くほど大きな箇条である。製造業での、外注や他社から購入した部品などの品質管理の重要さを反映したものだろう。この箇条から学ぶところは多い。

　箇条［8.4.1 一般］は、製品又はサービスのアウトソースを行う場合、「組織は、外部から提供されるプロセス、製品及びサービスが、（組織が示す：筆者注）要求事項に適合していることを確実にしなければならない」としている。「外部連携組織等の能力に基づいて、その評価、モニタリング及び再評価を行うための基準を決定し、適用しなければならない」と要約できる記載もある。つまり、教育の一部をアウトソースした場合は、それらに関する要求事項は大学側が示し、それが満たされることを確実にするのは大学側の義務となる。

　さらに、箇条［8.4.2 管理の方式及び程度］は、a）「外部組織から提供される教育プログラム提供のプロセスを当該大学の教育の質保証システムの管理下」に置き、b）「外部組織に適用する管理」方式を定めると読める。つまり、連携相手の品質マネジメントの方式は、大学側の管理下に置く、別言すれば、自大学と同じ程度のマネジメントを要求するという考えである。

　これらは、当該大学の「教育上の要求事項に適合している」ように管理しなければならない（箇条［8.4.1］）。また、大学は、「外部から提供される教育プログラムが、学生に対して一貫して適合した教育プログラムを提供するという当該大学の能力に悪影響を及ぼさないことを確実にしなければならない」（箇条［8.4.2］）。

外部組織に何を要求事項として示すべきかは、箇条［8.4.3 外部提供者に対する情報］に示されている。ほぼ全文を引用する。

> 組織は、次の事項に関する要求事項を、外部提供者に伝達しなければならない。
> a) 提供されるプロセス、製品及びサービス
> b) 次の事項についての承認
>   1) 製品及びサービス
>   2) 方法、プロセス及び設備
>   3) 製品及びサービスのリリース
> c) 人々の力量。これには必要な適格性を含む。
> d) 組織と外部提供者との相互作用
> e) 組織が適用する、外部提供者のパフォーマンスの管理及び監視
> f) 組織又はその顧客が外部提供者先での実施を意図している検証又は妥当性確認活動

大学教育にあてはめると、a 号は、提供される授業科目に含まれるべき内容等について相手側に求めるものであり、c 号は、担当教員等が有すべき資格等を当該大学が連携相手に伝えることを意味する。e 号は、当該大学が連携相手大学の機能性をモニタリングするところまで求めている。大学間連携等では、一方的な管理ではなく相互承認とするとしても、相当踏み込んだところまで確認・合意しなければ、教育の質は保証できないことを示している。

大学教育の場合、設置基準や各大学の学則で、単位互換等で取得できる単位数の上限を定めている。これは、教育プログラム実施の過程と卒業要件単位分の履修の体系への影響を考慮してのことだろうから、発想の出発点としては似ているが、踏み込み方には大きな違いがある。

制度的保証がある場合： 大学教育でのアウトソーシングの典型として、他大学と連携した教育や高等学校での教育実習などがある（図7）。

連携相手機関の評価については、国内大学・短期大学とのコンソシアムの形成や単位互換であれば、相手方も設置基準によって設置されたものであり、

第4章 ISO 9001 からみた大学教育の質保証システム

認証評価等にも合格していることから、これらが判断基準にあたるとみてよい。同じように、教育実習の場合、依頼先の高等学校は日本の学教法や高等学校設置基準に基づいて設置されていることで、「能力の評価」に関しては、国が担保しているとみなせるだろう。

　教育の質保証という点で、きわめて高いレベルにあるのが、教育関係共同利用拠点27)認定の制度である。施設を他大学等の教育に提供しようとする大学は、文部科学大臣に申請し、詳細な要件管理の上で認定を受ける制度であり、この箇条の趣旨のことを文部科学大臣が担保する制度といえる。

　制度的保証に課題が残る場合： 外国の大学等との連携協定による場合は、相当大きな問題が残っている。国により、大学教育制度に差異があり、授業回数、授業時間数、単位数、成績評価基準が細部では異なっていたり、明確な法的根拠が存在しないような場合もあるためである。

　筆者は、海外の5大学の大学院と連携して、授業科目と教員を共有し、学生がどの大学で学んでも自大学での履修として単位を修得することができるという制度を構築したことがある。互いに国内の高等教育関係法令や学則、履修規則の英訳を提供しあって共通の履修規則を制定したり、関与する全教

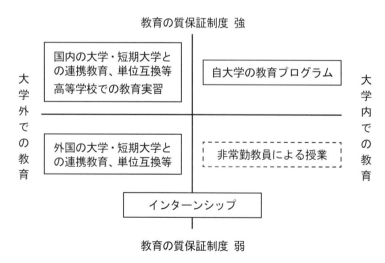

図7　外部組織と連携した教育（アウトソーシング）の質保証の程度

111

員の履歴書と業績調べを提供しあって相互に資格認定を行うなどして、提供できる教育の質保証を図ったが、制度構築に2年を要した経験がある。まだ確実な制度や手法が確立していない分野である。この分野は、筆者の大学教員としての教育の質保証に関する取組み経験の大半を占めるものであるがゆえに、その未完成度をここに指摘し、安易に流れることなく、さらなる充実発展を願いたい。

インターンシップの場合、無償で委託している教育を大学側が管理するというのは、日本の社会風土ではやや困難かもしれない。現在は、最初の段階で委託先の信頼性を十分に調査し、依頼内容を明確に伝達し、あとは委託先とのコミュニケーションを密にするといった方法以上の取組みは少ないのではないかと思う。昨今推進されているような、産業界との包括協定の下でインターンシップを実施する場合には、学生派遣先の「管理」はさらに難しくなる。ISO 9001の視点からは、制度的に未完成な部分が残っていると言わざるをえない。

非常勤講師については、人事上の資格審査が行われ、シラバスを提示して授業を依頼するのが普通なので、制度的にはアウトソーシングではないが、同様の考慮が必要である可能性が残る。教育内容を完全に任せているなど授業が大学の十分な管理下にない状態では、そもそもの前提である「依頼する教育内容が自大学の質保証システムに適合し」ていることが担保されておらず、教育プログラムの質の保証に影響を与える可能性がある。

今後の課題： そもそも日本の大学は、法令上、基本的に教育上の目的を達成できる教育プログラムを自ら持つのが当然とされてきたので、単位互換などは、教育の質の保証に影響があってはいけないという考えはこれまでもあった。ただ、例えばダブルディグリーの推進にあたって設置基準の一部を改正しなければならなかったように、外部組織と連携した教育の推進・拡大が質保証にどういう影響を与えるかそのものが、未知の領域である。

インターンシップ等の場合、設置基準に定める「大学以外の教育施設等における学修」に単位を与えることができる[20]との規定には該当しないし、上記の諸組織よりも教育能力は低いと見なさざるを得ない組織で教育の大半が

なされながら、授業科目として開講したというだけで単位認定できるというのは、根拠としては弱いのではないか。設置基準が定める授業科目の要件は担保されていないのではないか。制度面と教育の質保証の点から疑問が残る（筆者の不勉強であれば、ご教示願いたい）。

筆者は、インターンシップを推進すべきであると考えている。そうであるがゆえに、今後整備していくべき課題を指摘した。外国の大学との連携も含めて、連携相手のパフォーマンスのモニタリングや評価及びシステムの検証その他の活動を行うことなどは、まだまだ未完成な課題として残されている。

筆者は、箇条［8.4 外部から提供されるプロセス、製品及びサービスの管理］を外部組織との連携教育にいますぐに適用すべきであるとは主張しない。大学教育の中で未完成の領域を現実の能力以上に複雑化するのが適当とは考えないためである。ただ、後述するように、現在求められている大学像では外部との連携が強く求められており、そこでの教育の質保証のためには、多くの課題が残されているという点の議論を喚起したくて、少し長く書いた。

4.4 履修及び成績の管理

本章第 4.1 節「学生への説明と履修指導」と対をなすプロセスとして、履修・成績管理がある。すなわち、大学には、履修登録管理、成績記録及びその通知といった教務事務がある。進級制度を採っている場合には、進級判定の管理もある。

これらは、趣旨からいえば、箇条［8.5.1 製造及びサービス提供の管理］が該当するはずであるが、組織が顧客に注文を付けるといった面にほとんど触れていない 9001 規格の性格から、これらにあてはまるように読み替えられる箇条はない。

5. 学務の点検・評価：CHECK ［9 パフォーマンス評価、9.1 監視、測定、分析及び評価、9.1.3 分析及び評価］

ここで点検するのは教育プログラム全般、すなわち大きいほうの PDCA での check である。9001 箇条［9］がこれにあてはまる。

9001 箇条［9.1］は、モニタリングが必要な対象を決定しなければならないとのみ記し、それを特定していないが、箇条［9.1.3］は、評価の用途として、それを示している。以下に、箇条［9.1.3］をそのまま引用する。

> 　組織は、監視及び測定からの適切なデータ及び情報を分析し、評価しなければならない。
> 　分析の結果は、次の事項を評価するために用いなければならない。
> a) 製品及びサービスの適合
> b) 顧客満足度
> c) 品質マネジメントシステムのパフォーマンス及び有効性
> d) 計画が効果的に実施されたかどうか。
> e) リスク及び機会への取組みの有効性
> f) 外部提供者のパフォーマンス
> g) 品質マネジメントシステムの改善の必要性
> 　　注記　データを分析する方法には、統計的手法が含まれ得る。

　a 号は、教育プログラムが本章第 3.2 節(1)「カリキュラムの特性の明確化」で記した四つの要求事項（学生要求事項、専門的判断による要求事項、大学が定めた要求事項、法令・規制要求事項）を満たしているかの点検である。b 号以降は、学生満足や教育の質保証システムの成果等に関する点検である。
　a 号は、制度を履行しているかどうかということからコンプライアンス型の点検、b 号以下は成果を出しているかどうかということから成果型の点検と分類できる。以下に、上記二つの群に分けて、詳細に論じる。

5.1 教育プログラムの自己点検［9.1.3 分析及び評価、8.5.1 製造及びサービス提供の管理］

　上に引用した、箇条［9.1.3］a 号に示された「製品及びサービスの適合」に関する点検である。9001 箇条［8.5.1］c 号にある「製品及びサービスの合否判定基準を満たしていることを検証するために、適切な段階で監視及び測定活動を実施する」としてるのにも該当する。前節に記したとおり、コンプ

第4章　ISO 9001 からみた大学教育の質保証システム

ライアンス型の点検である。

　まず、カリキュラムの特性が、その編成にあたって教育上の目的等に従って自分たちが定義したものを満たすものであったか否か、あるいはそのとおり実施されたかの点検である。

　学務マネジメントシステムを構成するプロセスは、学務の計画、教育の提供、教育の点検、学務の改善なので、別に定めたモニタリング者が表5のようにモニタリングし、計画どおりに実施できていることを確認したり、計画どおりに実施できていない場合には、モニタリング者が修正を勧告するといった制度が必要である。これらのモニタリング結果から、学務及び教育プログラム全体の適合性を判定するというほど、大学教育の自己点検は成熟していないのが現実ではないだろうか。

表5　学務のモニタリング事項の例

プロセス	モニタリング内容	改善の要否の判断基準
学務計画	教育課程の編成	学位授与の方針（教育達成目標）に対して適切である。
	資源の提供	適切な教職員が配置されている。適切な施設・設備が提供されている。
教育提供	履修指導及び登録	学生に履修に関する説明・アドバイスがなされている。
	シラバスの作成	定められた手順に従い作成されている。
	授業のモニタリング	授業の適合・不適合が判断されている。
	授業アンケート	学生による評価に適した内容で実施されている。
	不適合の是正・改善	是正・改善がなされている。
	成績・履修管理	履修及び成績が正確に記録されている。
教育点検	卒業生・就職先企業アンケート	ニーズ及び期待の調査と分析が必要な時期に実施されている。
学務改善	カリキュラムの改訂	必要な時期に検討又は実施されている。
	関係規則の改正	必要な時期に検討又は実施されている。

5.2 学生満足と学修成果のモニタリング

満足度調査［9.1.2 顧客満足、9.1.3 分析及び評価］：学務全体に関する、9001箇条［9.1.3］b号にある「顧客満足度」に関する点検である。

箇条［9.1.2］は、「顧客のニーズ及び期待が満たされている程度について、顧客がどのように受け止めているかを監視しなければならない。組織は、この情報の入手、監視及びレビューの方法を決定しなければならない」とし、方法の例として、「顧客（満足度）調査、顧客からのフィードバック、顧客との会合」等が上げられている。

これを学生に適用してモニタリングするには、必ず認識しておかなければならない点がある。顧客の評価能力の段階によって、質問、得られる情報は異なることである。

既に何度か書いているように、在学中の学生は、カリキュラムに則ってなされる教育の全体を完了しておらず、教育体系のすべてを理解しているわけではないので、それを評価する能力は持っていないかごく限られている。

卒業時の学生の意見の収集が近年強調されているが、実際にそれに取組んだことがない方々のアイデアではないかと思う。筆者の経験では、残念ながら、卒業研究や最終学年で所属したゼミや講座での活動がよかったとか、自分が履修しなかった科目の意義は小さいとするなどの意見が多く、有用な情報はあまり得られない。卒業時の学生は、受けた教育をまだ利用していないので、「製品」の有効性を評価する能力は限られているためであると考える。

一方、箇条［9.1.2］の注記には、「顧客からの賛辞」も例として挙げられており、これは明らかに、製品が引き渡され、利用したあとを想定したものなので、これに相当するのは既卒業者が自分の受けた教育に対して持つ評価である。この情報は、既卒業者アンケートから得られる。

しかし一方では、既卒業者の場合は、学部・学科改組やカリキュラム改編が繰り返されている場合、直近のそれらしかモニタリング資料としては利用できないという悩みがある。また、学位授与の方針（教育達成目標）で定義した能力を求められる分野以外に就職した卒業生による評価からは、専門分野の知識・技能に関する有効な評価は得られない。卒業者アンケートに取組

表6　満足度調査のモニタリング対象と得られる情報

モニタリング対象	得られる情報
在学中の学生	授業の確実性に関する受け止め方
卒業時の学生	教育プログラムの実施の確実性に関する受け止め方
既卒業者	大学で受けた教育の有効性に関する受け止め方
卒業生の就職先企業	採用者が大学で受けた教育の有効性に関する受け止め方

んだことがある者なら、上記の結果、利用できる有意な資料数がごく小さくなるという統計学的な問題を経験しているはずである。

ともあれ、EQMS では、上のような理解に基づき、教育品質マネジメントシステムの成果を含む実施状況のモニタリングとして、表6の情報収集と分析を行い、カリキュラムの点検に反映することとしている。

筆者は、特に既卒業者を対象にした「大学で受けた教育の受け止め方」の調査を重視している。中でも卒業後数年を経た卒業生の意見は貴重である。これは、在学中に受けた教育全体を卒業後に職業人・社会人としての活動に利用したうえでの意見は、まさしく「顧客」が製品を使用してみたうえでの満足度にあたるからである。また、直近の卒業生の場合、現在進行中の教育プログラムに関する評価が得られるという大きなメリットがある。近年の卒業生に対する調査は、アフターケアという意味も持つ。

就職先企業の受け止め方は、エンドユーザ（重要な利害関係者）の満足度の確認とみなせる。

学修・教育成果の評価［9.1 監視、測定、分析及び評価、9.1.3 分析及び評価］：　近年、学修成果の向上とその評価の必要性が謳われている。この事項にぴったりとあてはまる条項は9001規格にはない。

品質マネジメントの成果については、9001箇条［9.1］が「組織は、品質マネジメントシステムのパフォーマンス及び有効性を評価しなければならない」とし、「教育の質保証制度の成果と有効性を評価」すると読める。箇条［9.1.3］c号も同じである。しかし、これらは教育プログラムに沿った学修の成果の評価ではない。

表 7　教育・学修の成果及び教育の質保証の成果の指標事項

領域	指標
教育・学修の成果	<u>単位の取得状況</u>、<u>学位の取得状況</u>、進路の決定状況等の卒業後の状況（進学率や就職率など）、学修時間、<u>学生の成長実感・満足度</u>、学生の学修に対する意欲等
大学教育の質保証の成果	入学者選抜の状況、修業年限期間内に卒業する学生の割合、留年率、中途退学率、<u>教員一人あたりの学生数</u>、学事暦の柔軟化の状況、<u>履修単位の登録上限設定の状況</u>、<u>授業の方法や内容・授業計画（シラバスの内容）</u>、早期卒業や大学院への飛び入学の状況、<u>FD・SD</u> の実施状況等

　本書の冒頭で、我々が質保証に責任を持てるのは教育プログラムであると述べた。この立場からいえば、教育の質保証が学修・教育成果の向上にいかに貢献しているかを示す必要があるだろう。

　しかし、これらの言葉は一般的な日本語としては理解できるが、何を測れば成果が得られていることのエビデンスになるのかは分かり難い。平成 30 年「グランドデザイン」答申は、教育・学修の成果及び教育の質保証の成果の指標を、表 7 のように列挙している（2 群への分類は筆者による）。

　列挙された事項には、質保証システムの成果、教育プログラムの成果、学生の成長の成果、就職の成果などが混在していると感じるのは筆者ばかりではないだろう。また、何度も書くが、品質と品質のマネジメントの間の混乱が、ここにもあると感じる。

　下線を附した事項は、本書が提唱する教育の質保証システムで、すなわち ISO 9001 規格に相当する言及がある活動である。つまり、これらの活動の成果や実績は、学修成果の向上の指標になると考えていいだろう。

5.3　モニタリング資料の分析：IR［9.1.3 分析及び評価］

　近年、IR が強調されている。9001 箇条［9.1.3］は、教育の質保証のためには何が IR の対象となるのか、示唆に富む内容なので、本章第 5 節の冒頭で引用した箇条［9.1.3］をいま一度参照して欲しい。分析しなければならな

い事項はおのずと浮かび上がってくる。

箇条［9.1.3］のa号「製品及びサービスの適合」は、教育プログラムの制度的適合度に関するコンプライアンス評価である。

b号は、学生満足に関する評価で、近年、授業アンケートや卒業時学生、近年の卒業生に対するアンケートの分析として普及してきている。就職先企業に対するアンケート調査もこの範疇に入るとの考えはすでに書いた。

c号は、自大学が構築している教育の質保証システムが、自らの教育上の目的の達成に貢献しているかの点検があたるだろう。

d号をどう読み解くかは難しいが、質保証された教育プログラム実施が効果を示したかだろう。筆者は、以前、ISO 9001認証に基づくEQMSを導入したところ、学生の出席率が上昇したり、1年生前期から2年生にかけてGPAがほとんど低下しなくなった（入学時のやる気が維持された）という効果を経験したことがある。学部が、学生に対して「私たちはあなたたちに責任をもって教育を提供する」と説明し続けたことや、他学部に比べて休講が少なくかつ補講が確実に行われることを学生たちが知り、自信を持ってくれたことなどの結果であったと考えている。

e号は、教育プログラムに不適合があった場合にその悪影響のリスクへの対処が、改善への端緒としてうまく機能しているかといったことと解釈すればよい。さらに、教育プログラムの特性として当初定めたことが、社会的なニーズや期待に叶ったものになっているか、もし不十分であれば改善のチャンスはあるのかといった評価まで含まれるだろう。

f号には、連携している他大学やインターンシップ依頼先に関する評価があたる。特に後者の必要性は大きいが、いまのところ実施は難しい。少し読み替えて、外部組織との連携による成果を評価するという立場に立てば、有益な情報が得られるだろう。

g号には、若干の異論がある。システムの改善の必要性は、そのものが評価対象となるというより、a号〜f号の分析結果とその評価の中から、生まれてくるものであると考える。

教育プログラムのcheckプロセスとしてのIRは、上記のとおりであるが、IRには大学をめぐる状況の変化の把握を加える必要がある。外部状況として

は、中教審答申等が示す新たな施策等及び大学とその教育プログラムがそれらを満たしているかの分析、他大学等での似通った専攻での教育の動向等が考えられる。内部状況としては、教職員の力量と配置に関する点検・確認、苦情相談や事故及びそれらの是正や予防処置の立案等の記録の分析・評価などが必要である。自大学をめぐる状況の分析からリスクと機会を明らかにするというプロセスを確立するところから始める必要がある。

高校教育や地域の産業動向、資格取得と求人（地域での人材ニーズ）などに関する調査も必須である。9001規格には、大学のいわゆる入り口と出口（入学と卒業後の進路等）に相当する事項の記載が少ないが、これらを対象としたIRを忘れる大学関係者いないだろう。

なお、分析方法は必ずしも統計的分析に適したものでなくてもよいと読める記載がある。

9001箇条［9.1 監視、測定、分析及び評価］は、モニタリングの対象ばかりでなく、モニタリング、分析及び評価の方法、モニタリングの実施時期及び、結果の分析・評価の時期を決めることとしている。しかし、筆者は、これらをいたずらに固定的にし過ぎるのは、質保証制度の硬直化に繋がると考える。例えば、年に一度は行うこととするとしても、あとは必要な時に間違いなく実施される制度にするほうが大切である。機会、リスク、不適合などは、いつ突発的に発見されるかわからないものである。

5.4 内部監査か教職員全員による討論か ［9.2 内部監査］

9001箇条［9.2］は、「内部監査を実施しなければならない」としている。筆者は、箇条［9.2］が定めているような内部監査が必ずしも必須だとは思わないが、教育の質保証システムのためには、内部でどのような点検が行われるのがよいかという点では示唆に富む。

箇条［9.2］によれば、内部監査の目的は、自大学の教育の質保証の取組みが、大学自体が規定した要求事項と、9001規格の要求事項（組織が適用対象とした部分）に適合しているか否かに関する情報を提供することである。

箇条［9.2.2］は、内部監査について、a) 頻度及び方法等を含む監査プロ

グラムの計画等、b) 監査の基準と範囲、c) 監査プロセスの客観性及び公平性の確保、d) 監査の結果の関連部署の責任者への報告、e) 適切な修正と是正処置、f) 監査とその結果に関する文書化した情報の保持等を行うよう、多くの条件を設けている。重要なのはd号とe号で、もし不適合があれば、関連部署に報告が行き、適切な対処が採られることを確実にすることである。

上記のような教育の質保証に関する監査を行おうとすれば、品質保証制度と大学教育制度の両面での相当高度な知識が必要であり、両者の知識を持った人材はごく限られている。ISO9001の旧規格には、「監査員は、自らの仕事を監査してはならない」とあったために、大企業であれば、いわゆるラインから外した品質保証部署や監事を置いていることも多い。近年、大学でも常勤監事をおくことが求められるようになっているが、それでも上記の業務は困難だと思う。

内部監査の趣旨を生かすにはさまざまな方法があり得る。筆者は、大学ではその組織特性を生かして、自大学の教育プログラムや教育の質のマネジメントシステムが抱えている問題点の洗い出しや、解決策を発見するためのPCM Workshopを開催するなどの手法もあり得ると思う。筆者の前職場ではこのような全体会議を定期的に開催していたが（別に、9001規格に則った内部監査も実施していた）、有効に機能していたと思う。例えば、達成できていない課題を上位目標とし、教職員全員参加でPCM Workshopを実施するとしても、箇条［9.2.2］が規定している内部監査の条件の大半はクリアする。大学文化にもふさわしく、構成員の間での理解の共有にも繋がるので、自己点検のための有効な手法であると考えている。

5.5 学長等による質保証制度の点検［9.3.2 マネジメントレビューへのインプット］

マネジメントレビュー： 9001規格にはマネジメントレビューという項目があり、計画段階に先立つトップマネジメントの「リーダーシップ」の下での責務・コミットメントと対をなしている。大学にあてはめると、教育の質保証システムが有効に機能しているか、組織の戦略的な方向性と一致してい

るか、及びそれが成果に繋がっているかを学長等が全体的に点検するのが、マネジメントレビューである。

マネジメントレビューで何を点検すべきかは、箇条［9.3.2］が以下のように記している。

> マネジメントレビューは、次の事項を考慮して計画し、実施しなければならない。
> a) 前回までのマネジメントレビューの結果とった処置の状況
> b) 品質マネジメントシステムに関連する外部及び内部の課題の変化
> c) 次に示す傾向を含めた、品質マネジメントシステムのパフォーマンス及び有効性に関する情報
>   1) 顧客満足及び密接に関連する利害関係者からのフィードバック
>   2) 品質目標が満たされている程度
>   3) プロセスのパフォーマンス、並びに製品及びサービスの適合
>   4) 不適合及び是正処置
>   5) 監視及び測定の結果
>   6) 監査結果
>   7) 外部提供者のパフォーマンス
> d) 資源の妥当性
> e) リスク及び機会への取組みの有効性
> f) 改善の機会

a 号のように、前回の点検・評価の結果に対するその後の対処をまずチェックするのは、点検・評価で常套的な手続きである。

b) 外部及び内部の課題の変化、d) 資源の妥当性、e) リスク及び機会への取組みの有効性の各項目は、言うまでもなく、本章第 2.1 節に記した、学長等の責務・コミットメントに対応するものである。

c 号は、教育の質保証システムを構成している各プロセスの稼働状況を点検するものである。箇条［5.1 リーダーシップ及びコミットメント］にあるように、教育の質保証システムの枠組みを形成し、それを推進するのは学長等のリーダーシップなので、これらを点検するのも学長等の仕事である。列

挙されているのは、利害関係者からのフィードバックや各種のモニタリングの結果など、9001規格が品質マネジメントの成果と有効性に重大な関わりを持つ要因としている事項である。

　この号で「情報」という言葉が使われているのは、トップマネジメントは各級の組織から寄せられる資料を基にレビューを行うためだろう。大学では、学長等が各種の委員会や学部等で行った点検をトータルにレビューすることにあたる。

　d号やe号で、資源の妥当性やリスク及び機会への取組みの有効性、改善の機会などが挙げられていることから、マネジメントレビューは戦略的レビューともいえる。

　マネジメントレビューの開催頻度に関して「あらかじめ定められた間隔で」行うとしているが、これは定例で行うと解釈する。

頻繁な戦略的レビューに馴染まないもの： 大学には一般に、建学の精神、基本理念、憲章やモットーなどがある。多くの私立大学が持つ建学の精神はまず変わることはない（志學館大学では、女子大学から共学化した時に、建学の精神に含まれていた「女性」を「人間」に改めたが、その程度の変更が精一杯である）。国立大学の多くが持つ基本理念や憲章も、多少の字句の修正はあっても、毎年点検の対象になるようなものではない。

　上記の箇条［9.3.2］は、c)·2号で「品質目標（学位授与の方針）が満たされている程度」をレビューするべきとしており、学位授与の方針でさえ、定期的なレビューの対象とはしていないと読める。建学の精神から学位授与の方針までは、点検対象というより、カリキュラム編成の方針以下をレビューするときの基準になるものであると考える。

　大学教育では、カリキュラム改訂を行った場合でも、客観的な資料に基づいた見直しが可能になるには、少なくともそのカリキュラムでの卒業生を輩出し、カリキュラムの有効性と成果に関する資料が得られるまで、つまり4年間又はそれ以上の時間がかかる。カリキュラムが学位授与の方針の実現に寄与しているか否かを点検するには、カリキュラムによって育まれた人材の学修成果を点検するしか手段がないからである。また、認証評価や中期計画・

目標のサイクルからいっても、カリキュラムの見直しに取り掛かれるまでには、編成後 6〜7 年を要する。

このように、使命や教育上の目的から学位授与の方針あたりまででも、見直し（新しい計画）の根拠となる資料が得られるまでには相当の時間を要する。PDCA サイクルの中で点検はするとしても、「組織の意思」として、やや外に置くのが大学教育のレビューにはふさわしい。これも、サービス提供に 4 年という時間を要するという、大学教育の特性から生ずる特殊性である。

6. 改善：ACT ［10 改善、10.2 不適合及び是正処置］

9001 箇条［10.1 一般］は、改善は「顧客要求事項を満たし、顧客満足を向上させるために」行うものとしている。そこで取り組むべき事項として、箇条［10.1］は、以下のように記している。

> a) 要求事項を満たすため、並びに将来のニーズ及び期待に取り組むための、製品及びサービスの改善
> b) 望ましくない影響の修正、防止又は低減
> c) 品質マネジメントシステムのパフォーマンス及び有効性の改善

a 号前半のような適合性の向上はコンプライアンス型の改善と、c 号のような業績の改善は成果型の改善と言える。組織の成功のためには、前者を満たすばかりでなく、後者を目指すのが望ましいとされている。

b 号については、箇条［10.2］が、起きた不適合への対処法を扱っている。中心課題は、不適合の原因の究明と是正処置の有効性のレビューを通じた、再発防止と予防の措置にあるといってよい。次節で詳述する。

6.1 教育プログラムに関する不適合と改善 ［8.7 不適合なアウトプットの管理］

4 年間の教育プログラムの改善である。9001 箇条［8.7］が、「製品要求事項に適合しないアウトプットが誤って使用されたり、又は引き渡されるこ

とを防ぐ」ために採るべき措置について定めているのは、本章第 4.2.4 節(1)「不適合な授業の是正処置」の項で説明した。ここでの不適合なアウトプットとは、不適合な教育プログラム又はその実施である。

　この節を読まれる時、読者はおそらく少し混乱するのではないかと想像する。ここで不適合を識別しなければならないのは、卒業要件を満たしている学生と満たしていない学生の識別ではない。正常に教育が実施された場合と計画したとおりの教育が実施されなかった場合の識別である。

　この節での不適合は、コンプライアンスの視点から重大なケースとしては、教育プログラムを、学生に説明した、又は社会に公表したようなかたちでは提供できなかったといった場合である。例えば、取得可能であると公表した資格の取得に必要な授業科目が開講されなかったといった場合である。少し厳しいが、授業科目を学生に示した配当学年で実施できなかったといった場合も、これが管理されて行われた変更であり、学生の履修計画に対する悪影響の除去に十分な配慮と対処がなされている場合でなければ、不適合だろう。

　成果という視点では、学生に約束し公表した学修成果が得られない、又は約束した「伸び」が達成できない教育プログラムであることが判明した場合も不適合である。

　現在、卒業認定基準の厳格化が求められているが、これを学生の卒業認定とだけと捉えず、大学側にも卒業に至るまでの教育プログラムに不適合はなかったのか検証するといった姿勢が必要である。

是正処置 ［8.7 不適合なアウトプットの管理］： 上で書いたような不適合が発生した場合は、学生の在学中であれば、是正処置は可能である場合がある。本章第 4.2.4 節(1)に示した箇条 [8.7.1] の a 号の「修正」である。つまり、開講できなかった授業科目を、他の学期に開講したり、不足と判明した授業科目を急ぎ開設、実施するなどである。

　教育プログラムに従った 4 年間の教育過程での不適合には、例えば、不合格の授業科目が誤って単位修得と扱われたり、厳しくいえば、決められた回数の授業が行われていない科目が授業完了とみなされて出された単位を含んで卒業要件単位数を満たし、所定の教育を受けたとみなされたといった場合

などもあり得る。

　この領域では、重大な不適合が発生した場合でも、特に4年間の教育の終了時点では、修正・是正できる余地はきわめて少ないことを、十分に認識する必要がある。

　筆者は、外国人留学生が、卒業要件に含まれる授業科目の単位を満たしていないため卒業延期になりかけた時に、入学時に留学生対象科目が正しく説明されていなかったことが判明したので、急遽、集中講義を行って対処させた経験がある。これなどは、4年間の教育過程での不適合の是正ができた珍しい例だろう。ただし、これでも本来期待される教育効果という点では、十分なものではなかったと感じている。

改善及び再発防止等［10.2 不適合及び是正処置］：9001箇条［10.2.1］は、その要点を本章第4.2.4節「授業科目の改善」で示したが、非常に重要な部分なので、以下に箇条［10.2.1］b号をふたたび引用する。

> 不適合が再発又は他のところで発生しないようにするため、次の事項によって、その不適合の原因を除去するための処置をとる必要性を評価する。
> 1) その不適合をレビューし、分析する。
> 2) その不適合の原因を明確にする。
> 3) 類似の不適合の有無、又はそれが発生する可能性を明確にする。

　ここで示されているのは、再発防止処置及び予防処置と呼ばれるものであることは、すでに記した。大学教育の場合、4年間の教育が終了し卒業してしまえば、不適合が発見されても、実施された教育への是正の余地はほぼない。再発防止処置を採るのが次善の方法だろう。

　上記の留学生事案の後、再発を防止するために、履修規則その他の英文版を作成し、重要な手続き書類も英文版を作成し、それらを正本とみなすよう規則類を改正した。4年間の教育全体での不適合の再発防止処置の例である。

　このレベルで発生した不適合に対して、特別採用（4年間の教育は適切に実施されたと学生に受け入れて貰う）で対処するのは責任ある方法ではない。

6.2 教育の質保証システムの不具合の改善 ［10.2 不適合及び是正処置］

　教育の質保証システムに生じた不具合の改善について考える。ここでは、教育の質保証に係る大きな PDCA では、学長等（組織）の責務及び設計・開発（＝カリキュラム編成）以上のレベルに関する事項への改善のみを扱う。

　授業に係る不適合の項でも書いたように、計画された教育の質保証システムの不適合は、授業レベルでの不適合とはかなり異なった性格を持っているので、これらは本書では不具合と呼ぶ（9001 規格は不適合と呼んでいるが）。これは、教育の質保証システムについて起こる不具合の多くは、学教法や文科省の通達、中教審答申等に照らして、又は外部評価などで不十分と判断された部分への対処であり、テクニカルな手直しだけでは不十分なものが多いためである。

　是正処置［10.2 不適合及び是正処置］： このレベルの不具合とは、例えば、学教法や設置基準で公表が義務付けられるようになった事項が公表されていなかったというようなケースである。あるいは、教員の退職の際に新規採用者の専門性に合わせて授業科目を変更するような旧来型のカリキュラム編成を行っている場合には、学位授与の方針で謳っている知識・技能、態度あるいは志向性を獲得できる授業科目がなくなってしまったといったケースもある。さらに、カリキュラム編成で計画された授業科目構成が、実施段階で下位の委員会によって変更され、そのことをカリキュラム編成組織が知らないままになっていたといったケースもある。嘘のような話だが、これらはすべて、筆者の長い大学管理職生活の中で発生したことがある。

　箇条［10.2.1］の a 号は、「不適合の修正処置」と「不適合によって起こった結果への対処」は「必ず行う」としている。上記のようなケースでは、多くの場合、修正・是正すれば、一応問題は解決する。しかし、真の問題点は、こういったことが起こってしまう学務制度（教育の質保証制度）にある。

　逆説的になるが、このレベルの不具合により、学生が卒業できなくなってしまうといった目に見える支障はあまり起こらない。そのため、教職員の間には、このレベルの不具合を形式的なことであると軽視したり、そもそも興味を示さない傾向さえある。これらの不具合は、外部基準に照らした点検に

より発見されることが多い。まさしく、学長等によるレビューの対象とするのにふさわしい。

再発防止及び予防処置［10.2 不適合及び是正処置］： 教育の質保証システムのレベルでの予防・再発防止処置は、事案ごとに千差万別であり、かつ大規模な処置を必要とすることも多い。例えば、設置基準違反が再発しないようにするには、法令等の改正の告示・通知等を受けた場合に、学内対処の必要があるか否かを検討する部署があればいいが、中小規模の大学では困難な場合もある。学位授与の方針とカリキュラム内容の不整合や、カリキュラム内容の不注意な変更に対処するには、カリキュラムの体系的かつ組織的編成の趣旨を周知する必要がある。

箇条［10.2］は、c)「必要な処置を実施」したあと、必要な場合には、e)「計画の策定段階で決定したリスク及び機会を更新する」、f)「品質マネジメントシステムの変更を行う」と続き、このレベルの不具合はリスクと機会の視点から処理すべきであるとの考えを示している。

6.3　学長等によるレビューと継続的改善　［10.3 継続的改善、9.3.3 マネジメントレビューからのアウトプット］

9001 箇条［10.3 継続的改善］は、最終項番［10 改善］の最後、つまり 9001 規格の最後に置かれた総論で、簡潔ではあるが QMS の根幹をなす部分である。

本章第 2.1 節「組織の意志と学長等の責務及びコミットメント」でも書いたように、教育の質保証システムに関する点検・評価（マネジメントレビュー）に基づいて改善を図るのは、学長等のもっとも大きな責務の一つである。

9001 規格は、マネジメントレビューを、点検に相当する第 9 章「パフォーマンス評価」に含めているが（レビューであるから、当然ではある）、その後半である箇条「9.3.3 マネジメントレビューからのアウトプット」（レビューの結果としての決定及び処置）は、本書では実質的に改善の一部と考え、敢えてここで記載する。

箇条［10.3］も継続的改善のために、「マネジメントレビューからのアウ

トプットを検討しなければならない」としており、改善では何に取り組めばいいのかを考えるのに、ここに置いたほうが理解しやすいためである。大学では、各級の教員の調査・分析能力が高いので、点検・分析業務の大半は所掌委員会等で十分になされるだろうし、学長等によるレビューの重点はそれらの結果の検討から生まれる改善策にあることも、ここに置く理由である。

　箇条［10.3］を大学の場合に合わせて書き下すと、「大学は、教育の質保証システムの適切性、妥当性及び有効性を継続的に改善しなければならない」となる。また、継続的改善のための取組み事項は、「IR の結果とマネジメントレビューからのアウトプットの検討」から生まれるとの考えを示している。

　マネジメントレビューからのアウトプットについて、箇条［9.3.3］は、以下のように記している。

> 　マネジメントレビューからのアウトプットには、次の事項に関する決定及び処置を含めなければならない。
> a) 改善の機会
> b) 品質マネジメントシステムのあらゆる変更の必要性
> c) 資源の必要性
> 　※　文書化した情報の保持に関する記載は割愛してある（筆者注）。

　列挙されている事項はすべて、本章第 2.1 節で学長等の責務及びコミットメントとして挙げられたもので、かつ同第 5.5 節で学長等による質保証制度の点検事項とされているものである。

　c 号は、第 3 章第 2.2 節で、教育の質のマネジメントが、統合型学務管理として人的資源や施設・設備利用の見直しができるものでなければならないと書いた考えが、9001 規格から見て妥当であることを裏付けている。

　一見して、本章第 5.5 節に列挙されたインプット事項に比べて、極端に少ないことが分かると思う。多くのインプット事項から、アウトプットでは、この 3 点の「決定及び処置」に絞り込みというわけである。

　マネジメントレビューのアウトプットとして決定しなければならない三つの事項を大学にあてはめると、a) 大学にとっての改善の機会（点検・評価や

IRから見つけられる)、b) 教育の質保証システムが機能しているか及び変更が必要かの判断、c) 必要な資源が確保されているかの確認といえる。

9001規格が明示的に書いているわけではないが、これら三つの事項は、トップマネジメントに係るPDCAのうちの3ヶ所(PCA)に登場する。これらが、トップマネジメントのもっとも重要な継続的業務と考えられているとみて間違いない。大学運営全体のPDCAのactでは何をすればいいかが、これで明らかになった。

第5章　大学教育の質保証のさらなる深化

1. 教育の質保証システム (EQMS) のレビュー（考察）

1.1 ISO 9001 と大学教育の相性

　ISO 9001 を大学教育に適用する場合の、強み、弱点について、EQMS の経験からレビューする。

(1) ISO 9001 規格の強み

　ここでいう強みとは、9001 規格が、現在の大学教育の質保障の中で必要又は不十分である事項を浮かび上がらせる能力という意味である。

　9001 規格には、これまで大学の運営の中ではあまり意識されてこなかったか、ごく近年になって求められるようになったばかりで、教育機関の現場ではまだ定着していない事項も多い。民間企業では当然である「組織としての設計・開発（カリキュラム編成）」などは、その典型である。

　教育上の目的（品質方針）からカリキュラム提供（サービス提供）までの整合性：　学位授与の方針とカリキュラム編成方針の一貫性が求められるようになってからかなりの年月がたった。これらを設定するには、まず人材養成の目的、すなわち「教育上の目的」が明確化されていなければならない。教育上の目的は、大学の社会的役割つまり「教育研究上の目的（使命）」の中から、教育分野を切り出したものであり、それと学位授与の方針等やカリキュラム内容には整合性があるべきなのは当然である。

　これらの関係は最近整理されてきたが、9001 規格は、品質方針と整合した品質目標を設定し、品質目標を達成できるよう製品・サービスを計画すると明確に定義し、早くから規範の一つとしてきた。大学が公表している文書の中には、いまでも、上記の記載順とは逆に、入学者受入れ方針から教育の時間の流れで列挙している例が時どき見られるが、ISO 9001 は、これらの関係について明確な論理的枠組みを与えている。

学長等によるガバナンス： ISO 9001 は、本書第 2 章第 1.1 節及び第 4 章第 2.1 節で記したように、トップマネジメントの責務・コミットメントというかたちで、組織のガバナンスについての明確な考え方を示している。

近年、大学のガバナンスが強調され、国の制度は学長のガバナンスを強化することとした。学教法の改正までされたが、大学のガバナンスのあり方についてはいまだに現場での共通理解は確立されていない。9001 規格は、これを、トップマネジメントの責務（箇条［5.2.1 品質方針の確立］等）と制度の在り方（箇条［5.3 組織の役割、責任及び権限］等）という二つの側面に明確に切り分けている。大学のガバナンスの整備にあたって、9001 規格が示す、トップマネジメントのコミットメントという視点からさらに見直していく必要があると考える。

学生重視： 現在、学生重視を謳わない大学はないだろう。9001 規格の視点（箇条［5.1.2 顧客重視］）からは、学生を顧客と捉えることで、大学が学生に対してどのような責任を負うべきなのかを浮き彫りにする。

例えば、受験生への広報が、潜在的顧客への製品・サービス情報の提供や引合い、注文の処理に相当するといった、これまでおそらく大学関係者が持っていなかった発想を与えてくれる。筆者は、平成 16 年頃に、ISO 9001 を学務マネジメントに適用するにあたって、シラバスは授業説明書ではなく、学生との契約書であると定義した。いまならこれを否定する人は少ないだろうが、当時としては、9001 規格であればこそ思い至った発想であった。

大学における研究面では、個々の研究者の自由な発想と行動が基本である。これと教育が同一の基本組織（学部・学科）で行われるのが、組織的な教育が重視されてこなかった一つの原因であると考える。最近、基本組織を越えた教育プログラムの見直し 9) が提唱されるようになったが、ISO 9001 がいう「顧客重視」は、大学の研究機能と教育機能の品質マネジメントが本来持っている差異について、もっと考察されるべきだという示唆を与えている。

利害関係者の重視： ISO 9001 が早くから、利害関係者をきわめて広い概念として重視してきた（例えば、箇条［4.2 利害関係者のニーズ及び期待の理解］や［8.3.2 設計・開発の計画］など）ことからは、学べることが多い。

近年、大学は、学位授与の方針、カリキュラム編成の方針、入学者受入れの方針の三つの方針やカリキュラムの内容について、地域社会や産業界の意見を聴くことが求められているが、ISO 9001 は、利害関係者の期待や受け止め方及びフィードバックを製品・サービスの要求事項に組み込む必要があるというかたちで明確に示してきた。大学が自らの教育プログラムの計画と実施について、誰の期待を重視しなければならないかを示している。

IR： 9001 規格が、組織の製品及びサービスの質に係る内部・外部の状況の把握を重視している（箇条［4.1 組織及びその状況の理解］）ことはたびたび述べた（前章第 2.3 節）。これは、近年の大学で IR の推進が強く求められていることと軌を一にしている。

箇条［6.1 リスク及び機会への取組み］は、上記の状況理解から得られる課題への取組みについて、リスクと機会に関係させながら説明しており、把握すべき事項についても一定の方向性を与えている。

人的資源： 9001 規格は人的資源について、力量、訓練等について詳しく記している（箇条［7.2 力量］）。これは、要員の力量が、製品及びサービスの質及び質保証の機能性に影響を与えるという考えによるもので、大学での近年の FD 特に SD の考え方と一致する。高度に人材集約型のセクターである大学教育では、このことはさらに強く意識されてよい。

近年、教員の多様化が提唱され始めたが、このことと教育の質保証に必要な教員の力量の論理的関係はいまひとつ明らかではない。教員採用人事は大学にとって死活的に重要な事項であり、9001 規格がいう「業務を行う人々に必要な力量」の明確化は、教育の質保証の中でもっと重視されてよい。教員の多様化は、その結果として生じるかもしれないといった事項である。

教職協働についても、9001 規格は、組織の構成員の責任の明確化とコミュニケーションの組合せというかたちで、早くから方向性として示している。

外部組織と連携した教育の推進： 外部組織との連携による教育は、現在ほぼ無条件によしとされ、推進されているが、9001 規格の、箇条［8.4 外部から提供されるプロセス、製品及びサービスの管理］に見られるアウトソー

シングへのこだわりの強さは、外部組織との連携による教育の保証の困難さや課題を浮き彫りにしてくれる。

9001 規格は、組織が自ら定める要求事項を外部提供者に明確に伝えることを基本的な発想としている。これは、「外部提供者のパフォーマンスの管理及び監視（モニタリング）」まで含む。前章第 4.3 節の中でも再三述べたが、我々は、連携組織との共同による教育の質保証について、さまざまな克服すべき課題があることに無頓着であったことは自省すべきである。

現状でも、外部組織と連携した教育は、間違いなく教育内容を豊かにしてくれる。筆者は、機関・組織同士の共同教育及び教育の相互質保証といった考えを共有できれば、さらに実り豊かなものになると信じている。

教育のモニタリングと合否判定： 単位の実質化といった言葉に代表されるように、確実な教育プログラムの提供が必要とされるようになっている。9001 規格の製造及びサービスの提供の管理（箇条 [8.5.1]）という考えに立てば、授業実施についてもモニタリングが必要という発想は自然に生まれる。箇条 [8.5.1] が「製品及びサービスの合否判定基準」と書いているのは、製造業の製品であれば誰しも納得する。これを大学教育に適用すれば、まず授業科目教育の合否判定を行うということである（学生の合否判定ではない）。この点については、大学は、これまで苦笑いで済ましてきたのではないだろうか。現在、授業のモニタリングは、その精度に疑問があると言わざるを得ない、学生による授業評価がほぼ唯一の手段であるが、もう一歩踏み込んだ取組みが必要であるということを、9001 規格は示唆している。

いま一つは、教育プログラムの合否判定である。やや優しく「適否判定」と呼んでもいい。形成された、又は実施中の教育プログラムを、教育上の目的以下の要求事項をすべて問題なく満たしているか、必要であると定義した資源が間違いなく提供されているかなどを「合否判定」という厳しい視点から見直すという習慣をわれわれは持ってこなかったのではないかという点について、自省したいと思う。

トレーサビリティ： 大学教育でトレーサビリティがどういうことを意味するかは前章第 4.2.5 節で述べた。大学教育では従来あまり考えてこなかっ

た領域である。

　中教審答申は、大学が何に重点を置いて教育プログラムを提供しているかを明確にすべきであるとしているのと並べて、産業界、企業側も学生の採用にあたって望んでいる人材像を明示すべきであるとしている。この流れを承けると、産業界や企業は、学生の採用にあたって、学修歴について従来よりも詳細な情報の提供を求めてくる可能性が高い。また、そうであって欲しい。これに応えるためには、必要な場合、個々の授業科目のコンテンツや授業法に至るまで開示できるようなトレーサビリティを用意しておく必要がある。

　プロセス管理：　教育の品質保証にはプロセス管理が適切であると考えている。教育の場合、教材、試験などプロセスごとに使用される資材は教育完了時にも残るが、実施した教育全体が残るわけではない。実施した教育全体の品質を確認することは教育終了時には不可能に近い。

　近年の大学教育では、教育の成果の点検が問われることが多いが、入学してくる学生の質の均一性が前提とされない限り、卒業生の就職や資格取得状況などは学生の主観や能力というフィルターを通した結果であり、これらを指標にして教育の品質を計るのは合理的ではない。

　教育の場合、プロセスごとに改善を加えれば製品の品質も向上するとのプロセス管理の考えに基づくのが合理的である。本書の EQMS で採用しているシステムは、9001 規格のプロセスアプローチ重視の考えに則り、プロセス管理による継続的改善に特化している。

　このように、ISO 9001 は、これまでの大学運営ではあまり持たれていなかった新しい視点を提供してくれる。本書のような試みを通じて、高等教育分野での独自の品質マネジメント規格・規範が育つ可能性も模索したい。

(2) ISO 9001 の弱み

　ここでいう弱点とは、大学教育で必要な事項でありながら、もともと製造業の品質保証から出発し、汎用性を図りつつ発達してきた 9001 規格が扱っていないか又は不十分な事項という意味である。

入学者選抜： 入学者の受入れは、大学の社会的責任と経営基盤の点で、大学運営にとってもっとも重要な事項の一つである。入学者の選抜は、顧客の選択にあたり、ISO 9001 の中で大学教育に適用すべき記載がまったくない事項である。したがって、ここまでの記載では、入学者選抜試験（入試）にはほとんど言及できなかった。

大学は、入学者選抜のために入学者選抜の方針を定めている。学位授与の方針、教育課程編成の方針とともに、三つのポリシーといわれているが、学教法施行規則でも、学位授与と教育課程編成の方針の一貫性は求めているが、入学者選抜の方針についてはその求めがなく、やや埒外に置かれているのは、大学関係者の中でも気づいていない人もいるのではないだろうか。

志學館大学では、学位授与の方針に掲げる能力や志向性に対応するような入学者像を示し、これを入学者受入れの方針として多様な選抜試験でどの能力や志向性を重視するかを定め、公表している。このようにすれば、入学者選抜も教育の質保証制度の中に取り込むことができる。

情報の公表： 9001 規格を大学教育の視点から見た場合、あてはまる事項がもっとも少ないものの一つが情報の公表である。大学教育が持つ社会的性格による、ISO 9001 を教育に応用する場合の弱点である。

大学が、現在、学教法施行規則によって、情報の公表が義務付けられていることは、前章第 2.7 節で説明した。公表を求められている事項は多岐にわたり、学教法施行規則は、具体的に掲げてある事項に加えて、さらに「教育上の目的に応じ学生が修得すべき知識及び能力に関する情報を積極的に公表するよう努めるものとする」としている。9001 規格が情報の伝達、顧客とのコミュニケーションとして求めているよりはるかに広範なものである。

なお、この情報の公表は、法令・規制要求事項であるため、9001 規格はこれに言及していると言えないこともないが、そういう読み方は、ISO 9001 の建設的な利用法ではないだろう。

履修指導と成績管理： 顧客とのコミュニケーションは、9001 規格にとって重要課題の一つである。9001 規格も、顧客が製品・サービスから適切な便益を得るための情報の提供の必要性は記載している。ただし、大学が行って

いる学生とのコミュニケーションの視点から見ると、履修指導などのきめ細かい説明は、9001規格よりもはるかに多い。教育分野で、9001規格を超える規格・規範を構築しようとすれば、大幅な強化が必要な領域である。

学生への支援 ： 学教法施行規則がいう「学生の修学、進路選択及び心身の健康等に係る大学・学部の支援」は「組織による顧客に対する支援」と読み替えることができ、9001規格には該当するものが見あたらない。

大学は、経済的な支援を含めてさまざまな修学支援を学生に提供している。これは、二つの理由によると考える。大学が公的機関としての性格を持っていることが理由の一つであることは言うまでもない。いま一つは、大学教育をビジネスと見た時、製造（サービス提供）開始から完成までに4年の歳月が必要という特徴から、修学中に学生に生じる様々な障碍を乗り越えるための支援が必要であるということである。

顧客が、正常に完成した製品を入手できるようにするのは組織の責務であるとの発想に立てば、学生への支援を大学教育の質保証制度に組み込まなければならないことが理解できる。

学修成果の評価 ： 設置基準によれば、大学は、「学修の成果に係る評価及び卒業の認定の基準」を、学生に明示できるようあらかじめ定めなければならない。これは、9001規格の言葉遣いでは、「顧客のパフォーマンスに係る評価及び顧客が完成製品を理解したことの認定の基準」と読める。このような、組織が顧客を評価するといった発想は、9001規格にはまったくない。

ただし、これだけを強調するのではなく、それを担保する大学側のエフォートの評価基準を明確化するといった発想を加えると、より豊かな教育の質保証制度になると考える。

卒業生の就職 ： 学生の就職は、顧客が製品使用の機会を得るということであるが、9001規格にはこれに相当する記載はまったくない。これについても、顧客が、入手した製品を期待されていたように利用できるようにするのは組織の責務であるとの発想に立てば、上記と同じ結論に達する。

1.2 適用しなかった ISO 9001 箇条

　以下の箇条については、本書の中でほとんど触れなかったか、又は説明はしたが、大学にとっては特に取り組む必要はないと考える。

　文書化［7.5 文書化した情報、7.5.3 文書化した情報の管理］：9001 規格では、随所で「文書化された情報」の作成や保持を求めている。現在の版の 9001 規格では、旧版に比べて大幅に簡略化されているとはいえ、それらの大本になっている［7.5 文書化した情報］は、大きな箇条である。

　業務の各プロセスで、組織が必要と定めた文書と記録が求められるのは当然である。本書の早い段階で述べたように、大学では、文書管理規定を含め各種の規則や実施要項等が詳細に定められており、文書・記録については十分に充実した伝統を持っている。規則類の中には 9001 規格を満たす規定も多い（例えば、各種の委員会規則には必ず所掌事項が明記され、責任と権限を明らかにしている）。大学にとって、文書化や文書管理について、逐条的に 9001 規格への適合性を問うことから得られるものはほとんどない。

　モニタリングのための機器［7.1.5 監視及び測定のための資源］：箇条［7.1.5］は、「監視又は測定を用いる場合．．．必要な資源を明確にし、提供しなければならない」としている。ここでは資源と書かれているが、もともとは監視・測定機器との考えから出発したものである。

　大学教育に関するモニタリングでは、IR 活動はもちろん授業のモニタリングや学生による授業評価などでも、これらに用いる機器はない。例えば、授業評価の調査用紙をモニタリング資源とするとの考えもあるかもしれないが、用紙は測定で verify すべき基準値（例えば、製品が 20.0mg であること）を示しているものであり、モニタリングに用いる資源ではないと考える。

　製品の保存［8.5.4 保存］：箇条［8.5.4］が言う保存とは、「内部処理（運用のプロセス）から指定納入先への引渡しまでの間」のことである。冷凍食品や化学物質のように、保存条件を設定しなければ製品の品質を維持できない場合や輸送中の梱包や取扱注意の必要性を想定したものだろう。

　教育の場合、授業以前の内部処理の過程ではいまだに無であり、授業すな

わち引き渡しの瞬間に実現するので、ここに時間差はない。この規定にあてはまるものは存在せず、教育の場合は考慮する必要はない。

1.3 ISO 9001から見た大学教育という「ビジネス」

　前章及び前2節のようにISO 9001の視点から見ると、大学教育というのは、いくつか際立った特徴を持ったビジネスだということが浮かび上がる。われわれ大学関係者が、あたり前だと思ってきたことも、決して常識とは言えないことがわかる。これらを認識しておくことは、大学教育の質保証を考えるにあたって不可欠である。やや散文的に、取り纏めてみる。

　製品知識を持たない顧客：　学生は、大学・学部を選ぶ時点あるいは入学の時点で、まだ学修していない専攻分野とその教育体系に関する知識をほとんど又はまったく持っていない。例えば、自社の製品の生産に必要な機械を発注する企業の技術者が機械メーカーとほぼ同等の知識を持っているのとは大きく異なる。社会に溢れる情報や自分の生活経験に基づいて購入する物を決める、消費者行動とも異なる。

　このことを認識すれば、潜在的顧客である受験生や在学中の学生への正しい説明というコミュニケーションの重要性が理解できる。

　もの言わぬ顧客：　学生は、上と同じ理由及び大学教育制度に関する知識がまだ不十分であることから、教育プログラムに関する要求事項を自ら明示しないのが普通である。もう一つの理由は、大学が伝統的に学生を教育の受け手としてのみ扱い、暗黙のうちに学生は大学に従うべきものとし、学生が4年間の学修から何を得ようとしているか、その期待を汲み取ろうとしてこなかった大学側の態度にもある。

　学生が自ら伸ばしたいと望んでいる能力を伸ばす教育が求められており、そのためには、学生が自分の希望を表明する機会を最大限に追求すべきであるとの認識に繋がる。カリキュラムの編成に学生を参画させることを求める規範等が増えているのは、同じ発想に基づくものだろう。

　製品完成に長時間かかる：　在学中でさえも、学生は「学びの体系」すな

わち卒業までに得る教育の完成形を知らないまま学修し続ける。これは、製品の内容や性能をよく知らないまま契約を結び、完成までに4年もかかり、しかもその間、顧客も努力が要求されることを意味する。さらに、製品の完成形は個々に異なり、顧客の4年間の活動次第である。こういう業態は、ちょっとほかにはないのではないか。逆にいえば、学生は、4年間の在学で何かが得られると大学を信頼しているわけで、大学はそれに応えることの責任を十分に認識する必要がある。

顧客への製品説明が鍵： 学生への教育プログラムの説明がなければ大学教育という製品はほとんど機能しない。最悪の場合、完成しない。つまり、丁寧な説明がなければ、学生の体系的な履修は難しく、最悪の場合、中途退学・卒業延期などに繋がる。

大学は、履修の手引の作成や、履修説明会、各種ガイダンスの開催など、活発な説明・指導を行っているが、これが必須であるのは、他の業態に比べて大学教育の大きな特徴であることを自覚すべきである。

筆者のこれまでの経験と比較して、志學館大学では、この種の説明会が非常に丁寧に行われているが、「学生に優しい大学」というアイデンティティから自然に生まれていることだと感じている。

組織が顧客を選別し顧客数を制限する： 入試を通じて組織が顧客を選別するのは、大学教育のもう一つの大きな特徴である。製造業でいえば、販売数を限定して生産するような業態に近いが、このような場合の潜在的顧客の選別に相当するような記載は9001規格にはない。

9001規格は、全般に契約前の顧客に関する規定は少なく、大学教育に適用する場合、入学前の高校生、受験生は潜在的顧客と位置付けるのが適切である。そう捉えると、いかに合意形成するか（学位授与の方針に整合した入学者受入れの方針を理解して貰うか）という取組みが重要であることが分かる。

組織が顧客を評価する： 在学中も、授業科目の試験や進級判定、卒業判定と、大学側は学生を評価する。組織が顧客の製品理解度を評価すると言い換えることができるが、大学教育というセクターの最大の特殊性の一つであ

る。これをあたり前と考えてはいけない。

　近年、成績評価や卒業判定の基準も明確化が必要とされるようになったが、これは、自らの教育プログラムの評価基準の明確化と連動すべきものであるという、これまでになかった考えを ISO 9001 は示唆してくれている。

　リピーターがいない：　卒業した学生がもう一度同じ大学・学部の学生になることは、特殊な場合を除いてまずない。多くの民間企業が安定的な顧客（常連やリピーター）を獲得することが、組織の活動の「質」を高める目的の一つになるのだろうが、大学にとって、そういった動機はごく弱い。

　潜在的顧客は製品情報をおもに他者から得る：　学生が大学・学部に寄せる期待は、大学・学部による説明ばかりでなく、時にはそれ以上に、高等学校による受験指導、受験業界からの情報により形成される面がきわめて大きい。これも、大学教育という「業界」の持つ特殊性である。これが、もし大学からの情報提供が信用されていないためであれば、由々しき問題であると思う。この点については、本書の中ではほとんど論じることができなかった。

　過大広告：　反省の思いを込めて書いている。約束と夢を語るのを区別できないという意味である。「ノーベル賞に挑戦してみませんか」に近いような大学・学部案内記事を目にすることがあるが、潜在的顧客とのコミュニケーションという視点から見れば、誠実なものではない。大学・学部の広報が、潜在的顧客との「引き合い」に相当する、契約に係る重要事項の説明であるという点を強調したくて、自省を込めてこのように書いた。

　このようにみてくると、大学教育制度とは、高校生、受験生や学生の大学への信頼に基づいた制度であることがよく分かる。約束を守り信頼に応えることこそ、大学教育の基本的な姿勢であるべきであることを認識したい。

2．中教審答申が示す大学教育の質保証

　中教審答申は、大学に係る外部の状況を把握する上でもっとも重要な情報源である。以下に、近年の答申から、大学教育の質保証に関する考え方の変

遷を辿りつつ、ISO 9001 の品質マネジメントの考えと比較してみたい。

2.1 近年の中教審答申の経過

　本書の冒頭で、大学教育の質保証という近年の視点は、平成 17 年「高等教育の将来像」答申が出発点であったとの認識を示したが、ここでは、その一つ前の「平成 14 年「大学の質の保証に係る新たなシステムの構築について[28]」答申からレビューする。この答申は、「大学の質の保証」についておもに設置審査を中心とする国の制度を見直したもので、本書のテーマからは少し逸れる。しかし、認証評価の出発点であったことと、「質保証」という語の初出の答申であることから、本書がたびたび触れているように、大学の質保証と大学教育の質保証及び質保証と質のマネジメントの関係を整理するためには、この答申を避けて通れないと考える。

　ただし、平成 17 年「高等教育の将来像」答申が、当時の高等教育改革は旧大学審議会の「平成 10 (1998) 年答申『21 世紀の大学像と今後の改革方策について[29]』や平成 12 (2000) 年答申『グローバル化時代に求められる高等教育の在り方について[30]』等を踏まえて」進められてきたとの認識を示しているように、大学教育改革という点では、特に「21 世紀の大学像」答申で、「質の向上」という言葉を使いながら、現在も引き継がれている多くの課題がすでに提起されていたことを記しておく。

　以下の記載で、各答申が扱っている大学及びその教育の質保証以外の話題にはほとんど触れないことをおことわりしておく。

平成 14 年「大学の質の保証に係る新たなシステムの構築について[28]」答申： 内容は、題名に現れているように、「大学の質」保証について、設置認可制度の見直しに加えて第三者評価の導入を提言するものであった。設置基準等を基にした設置認可についてはさておくことにして、大学の質保証については、国際的通用性の向上、国際競争力の強化等の観点から、「大学評価を改革の重要テーマ」と位置付けた。

　この答申でいう第三者評価とはのちの認証評価のことである。これと自己点検・評価を組み合わせて、「大学が自ら改善を図ることを促す制度」を提

案したものである。この段階では、認証評価制度の下での大学の取組みよりも、国が構築すべき認証評価制度（認証評価機関を含む）そのものに関する提言が中心であった。

具体的には、第三者評価機関が社会的・国際的に通用する水準から見て未成熟であるとの認識に立ち、評価機関を国が認証する際の基準を提案するとともに、認証された評価機関を国が支援するという考えが示された。また、第三者評価によって法令違反状態であることが明らかになった大学に対しては、「評価結果なども踏まえた各大学における改善についての自発的な取組が基本となるが」とことわりつつ、「国としても是正措置を講じられるようにしていく必要がある」とし、「1 改善勧告、2 変更命令、3 特定組織（一部の学部・学科のことを指す）のみを対象とした認可取消等の措置、4 大学の閉鎖命令」等に関する法的手段について規定を整備していくこととした。

なお、この答申には、前段落での引用にもあるように、「（第三者評価は）本来、大学が自発的に受けるべきものであるが」、大学が「第三者評価を受ける責任を有することを制度上明確にしていく」といった、自律と法的義務の両刀使い的な表現が随所にある。

専門分野別の第三者評価では、当時一世を風靡した JABEE（日本技術者教育認定機構）の活用の可能性も検討していたことは、同じような外部基準である ISO9001 の利用という点では興味深い。

この答申は、平成 16 年度の国立大学法人化がすでに日程に上っており、かつ認証評価の試行が行われていた時期になされたものであり、認証評価制度の法令面での整備が急がれていたことを反映していたのだろう。

大学の質の向上のために、「企画立案、実施、評価、反映といった教育研究活動の改善のための循環過程」が必要であると記しているのは、大学教育行政で後に多用されるようになった PDCA サイクルそのものである。

平成 17 年「我が国の高等教育の将来像[4]**」答申**： 「教育の質保証」が、中心的な課題として初めて現れた答申で、我が国高等教育の全体像のレビューとそのあり方及び将来に向けて必要な取組みを論じるものであった。

まず状況の理解として、18歳人口の減少と大学・短期大学への進学動向か

ら、高等教育の「大幅な（量的）拡大は必ずしも見込めない状態にあ」り、量的側面での需要がほぼ充足されたというのが基本的な認識であった。21世紀のキーワードを「知識基盤社会」とし、高等教育の質の保証が重要になるとの認識が示された。本書第1章第2.6節で論じたように、大学の機能別分化が進行するとし、各大学にとっては、七つの類型の中での比重の置き方により、それが各機関の個性・特色となって表れるとしたことは、現在まで影響を残している。

　特徴的であったのは、日本の高等教育の質保証は、(1) 高等教育機関側の教育研究活動の改善と充実への努力と、(2) 高等教育の質の保証の仕組みを整える国の責務で可能になるという二つの認識が、ほぼ同等に併記されていたことである。

　保証されるべき高等教育の質とは、「教育課程の内容・水準、学生の質、教員の質、研究者の質、教育研究環境の整備状況、管理運営方式等の総体を指す」とした。そして、高等教育の質保証は、「カリキュラムの策定、入学者選抜、教員や研究者の養成・処遇、各種の公的支援、教育研究活動や組織・財務運営の状況に関する情報開示等」の活動を通して実現されるとの考えを示した（今から考えると、教育の質保証になじまない課題も入っていた）。

　大学が取り組むべき方策としては、「各高等教育機関の個性・特色の明確化」を求めたが、後に課題となる多様性については、高等教育全体で担うものとしたと解釈できる。その他、自己点検・評価、情報の提供を含む「社会に対する説明責任」、FD・SD活動を通じた教職員の教育研究、管理運営、支援能力の充実等が重要であるとした。

　本書の冒頭でみた、大学改革の事項がほぼ出揃っていたといえる（多くの事項は、平成12年の「グローバル化」答申ですでに提起されていたことではあるが）。ただ、教育の質保証と教育機関の質の維持・向上、あるいは質保証と質のマネジメントがやや未分化であったことは否めない。

平成20年「学士課程教育の構築に向けて[2)]」答申：ユニバーサル段階に入った大学教育という認識を基に、いわゆる三つのポリシーと学士課程教育の充実、教職員の職能開発、公的及び自主的な質保証について論じたもので

あった。

　平成 17 年「高等教育の将来像」答申が、大学教育の質の保証と向上は、個々の大学の努力と国の制度で成り立つとした点を、(1) 設置認可・届出制度と認証評価、(2) 大学の自己点検・評価と情報公開、の四つの仕組みによって進められていると 2 点ずつに整理した。

　一方、大学が持つ社会的に特別な地位は、学位授与機関としての大学の質の維持・向上によって確保されるとし、大学の自主的・自律的な質保証（内部質保証）が一層強く要請されるとし、大学教育の質の維持・向上、学位の水準の保証は、一義的には、それらを提供・授与する大学の責任とし、こちらに重点を置いた。

　この答申が、学位授与の方針の下での学生の体系的な学びと学修成果の達成点として「学士力」を提唱したのは有名である。ここで示された、教育上の目的、学位授与の方針の下でカリキュラムを編成するという考えは、品質方針の下に品質目標を定め、その下で製品を設計・開発し、製品を顧客に提供するというのをほぼ相同なモデルである。同時に、PDCA という語を用いるとともに、自己点検・評価と説明責任を強調したが、これらも、9001 規格に含まれるモニタリング及び説明責任と同じである。

　単位制度の実質化、教育方法の改善や成績評価の厳格化、学生の学修到達度の測定等を提言しているのは、ISO 9001 の視点から授業科目レベルでの品質マネジメントの必要性が導出されるのと対応する。

　質の高い体験活動、教え方の改善、TA の活用、教員の自己評価、ティーチングポートフォリオや late specialisation の考えも示されている。FD に加えて特に SD が提唱され、後の IR に繋がる考えも示された。

　「高等学校段階の学習成果の適切な評価」と初年次教育の重視は、後の「高大接続」答申に繋がる。

　教育研究設備の共同利用化、共同プログラムが大学教育の質の保証に向けて重要であるとしたのは、質の向上に繋がることは間違いないが、本書でも再三述べたように、質保証という点ではもっとも難度の高い課題である。したがって、これの必要性を質保証の点から強調する論理的背景は、やや不明確であったといわざるを得ない。

平成24年「新たな未来を築くための大学教育の質的転換に向けて[7]」答申：そのタイトルが示すように、学士課程教育の質保証より質の転換すなわち求められる質に力点を絞り込んだ。平成17年「高等教育の将来像」答申及び平成20年「学士課程」答申をレビューしており、これら三つの答申がいわば三部作という性格を持っていると筆者は考える。

大学教育をめぐる状況としては、グローバル化、少子高齢化による人口構造の変化、エネルギーや資源、食料等の供給問題、地域間の格差の広がりを挙げた。平成17年度の「高等教育の将来像」答申が、おもに日本の人口減少に焦点を当てたのに比べて、より広範な社会的課題を取り上げた。

大学制度とは、「学生が主体的に事前の準備、授業の受講、事後の展開という学修の過程に一定時間をかけて取り組むことをもって単位を授与し、また、このような学修経験を組織的、体系的に深めることをもって学位を授与する」ものであるとし、ここで深めるべき学修とは、「想定外の事態に遭遇したとき、問題を発見し解決するための道筋を見定める能力」の獲得であり、「個々の学生の認知的、倫理的、社会的能力を引き出す教育」が必要であり、生涯にわたって学び続ける力、主体的に考える力を持った人材の育成が必要であるとした。これらが、「質的転換」のエッセンスだろう。

大学教育の質的転換には、まず、教育方法の転換が必要であり、そのためには、教員の教育能力の向上が必要であるとし、具体的な教育方法としては、アクティブラーニングへの転換、インターンシップやサービスラーニング、留学体験といった教室外学修の機会の提供が必要であるとした。

一方、単位制度の根幹である総学修時間の確保を強調し、十分な質を伴った主体的な学修時間の実質的増加・確保が必要であるとした。このための具体的な方策としては、(1)「体系的・組織的な教育の実施」として、カリキュラムの体系化、組織的な教育、シラバスの充実、全学的な教学マネジメントの確立、(2)「プログラムとしての学士課程教育」として、アセスメントポリシーに則った学修成果の評価、学修支援環境の整備、(3) 高等教育と初等中等教育の接続、地域社会や企業などの社会と大学の接続などを挙げた。これらによって、「学生の知的・人間的能力を開花させる」とした。学生の学修時間数が足りないという指摘は、悲痛な叫びに近い。

学修行動調査、アセスメントテスト、ルーブリック、学修ポートフォリオ、CAP 制、ナンバリング等の細部にわたる指摘も多い。

　最初に書いたように、この答申は、求める「質」を扱ったもので、質保証あるいは質保証システムを直接取り扱ったものではないので、9001 規格の視点からは、比較できる点は少ない。しかし、質保証システムは、あくまでも質を担保し高めるための支援システムなので、求められる質そのものを論じたこの答申は、質保証制度を考えるにあたって基盤を提供するものである。

平成 26 年「新しい時代にふさわしい高大接続の実現に向けた高等学校教育、大学教育、大学入学者選抜の一体的改革について [8)]」答申： 大学教育の質的転換に、初等・中等教育との接続の改革が不可欠であるという一点に絞り込んで論じたものである。質保証を扱うという点では、24 年の「質的転換」答申よりさらにその性格は薄い。「教育の質保証」という言葉は、一度も出てこない。

　この答申の特徴の一つは、入学者受入れの方針と入学者選抜試験の整合性が必要であることを強調した点である。高大接続という視点からは当然であるが、実際に取り組んでみるとその実質化は難しいことが分かる。現在、学教法施行規則では、入学者受入れ方針は他の二つのポリシーとの一貫性は求められていないが、入学者選抜と三つのポリシーとの整合性を実質化するというのは、教育の質保証という視点から今後十分な研究が必要である。入学者選抜は、ISO 9001 が扱っていない領域である。

　この答申のいま一つの特徴は、大学教育を「学生が主体性を持って多様な人々と協力して問題を発見し解を見いだしていくアクティブラーニングに転換」すると言い切っている点である。そのための方策として、少人数のチームワーク、集団討論、反転授業や留学、インターンシップ等の学外での学修プログラムを挙げている。これもたびたび書いているように、質保証という観点からは、未開拓な領域である。

　上記の二つの点だけからみても、この答申は、大学教育の質保証の中でも未開拓な領域に大胆に切り込んだものだとも感じる。

平成 30 年「2040 年に向けた高等教育のグランドデザイン [9)]」答申： 高

等教育を取り巻く状況の総括、それを基にした高等教育の将来像、大学の将来像、「まなびの質」の保証等で構成されている。昭和29年の最初の答申からレビューしているが、人口減少や世界的・地球規模の課題等から説き起こしている点では、おもに、平成17年「高等教育の将来像」答申以来の流れを承けたものと判断できる。

　まず、我が国の大学教育の質保証に係る制度は、昭和31年に制定された設置基準に始まり、設置認可制度等の様々な大学評価の組合せにより成り立っているとしながらも、大学教育の質の保証は、第一義的には大学自らが率先して取り組むものであるという近年の答申の考えを踏襲している。

　教育の質を保証するための取組みはいまだ不十分であるとし、「できるだけ多くの人材が高等教育機関で、社会のニーズも踏まえた質の高い教育を受け、自らの能力を高める」ことが重要であり、「入学時から修了時までの学修者の『伸び』、更に卒業後の成長をも意識した質の向上が必要」であるとしている。

　保証すべき高等教育の質について、「何を学び、身に付けることができるのかが明確になっているか、学んでいる学生は成長しているのか、学修の成果が出ているか、大学の個性を発揮できる多様で魅力的なカリキュラムがあるか」といったことが、重要な要素であるとした。体系的なカリキュラム、多様な学生が学び多様な価値観が集まるキャンパスでの教育、地域社会や産業界等の期待の認識、説明責任、情報公表を重視しているのは、平成17年答申以来のおさらいをしている趣がある。

　各大学が学長のリーダーシップの下で、三つのポリシーに基づく体系的で組織的な大学教育（研究も含めて）を展開することを「内部質保証」と呼んだのは、平成20年「学士課程」答申がおもに自己点検・評価の体制整備を内部質保証と呼んだのと比べて、新しい定義であると感じる。それを通して、学生の学修成果、大学全体の教育成果に繋げようという考えは、明らかに品質マネジメントに相当するものであり、9001規格の視点からは、これまで「教育の質保証」を標榜していたものから、一歩前進したと感じる。

　全学的な教学マネジメントの確立、教育の質保証システムの確立が必要とし、「教育の質の保証や情報公表に真摯に取り組まない大学は、社会からの

厳しい評価を受けることとなり、その結果として撤退する事態に至ることがあり得ることも覚悟しなければならない」と記している。18歳人口の減少から、もし大学教育への信頼が増さなければ、我が国の大学教育の規模は縮小せざるを得ないという認識から発せられたメッセージだろう。

2.2 大学教育の質保証に関する考え方の変遷

　上記の要約の中でも書いたが、教育の質保証について、平成17年の「高等教育の将来像」答申では、大学と国の任務をほぼ並列で記載していたが、徐々に大学の責任を強調するものに変わっていると感じる。

　一連の答申では、教育の質と教育の質保証とがやや混乱して書かれている面がある。大学の質と大学教育の質も明確には分けられていない傾向がある。なお、一貫して質保証という言葉が使われているが、9001規格のいう品質マネジメントの視点から見れば、内部質保証は品質マネジメントである。

　「グランドデザイン」答申は、大学教育の質保証について、平成20年「学士課程」答申が用いた「内部質保証」という語を広範に使うようになり、品質保証と品質マネジメントシステムの区別が明確にされるようになった。後述するように、内部質保証という考えは、大学の質保証又はマネジメントという意味に近い。これは、ISO 9000ファミリーの中の9004規格が、「組織の品質」という概念を基にして、組織の品質の向上は、品質マネジメントシステムを発展させ、組織を発展に導くとの考えを示していることに通じる。

　今後、達成・向上すべき教育の質、教育の質の保証、教育の質を支える品質マネジメント、それを内部に取り込んだ大学の質のマネジメントを、明確に切り分けた議論が進むことが望まれる。

　平成30年「グランドデザイン」答申は、答申自身が「これまでの答申の内容を踏まえた上で、取組みが十分でないものについては、改めてその必要性を強調する」と述べているが、「柔軟な教育プログラム」や「柔軟なガバナンス」を求めているあたりは、これまでと若干ニュアンスが異なり、今後予想される、大学を取り巻く状況の変化の大きさへの対応が必要になるであろうことを意識しているのだろうと思える。

3. 認証評価が示す大学教育の質保証

9001 規格による品質マネジメントシステムを大学教育の質のマネジメントに適用するのが適切か否かを考える時、教育の質保証のために国が採っている方策の主要な柱と文科省が位置付けている認証評価との対応関係が気になるに違いない。これと ISO 9001 を比較してみたい。

認証評価は、平成 14 年の中教審答申「大学の質の保証に係る新たなシステムの構築について」を承けた平成 16 年の学教法の改正により、大学等に対する第三者評価の制度として開始された。大学が、その教育研究等の総合的な状況について、定められた期間ごとに、文部科学大臣の認証を受けた組織（認証評価機関）による評価を受ける制度が認証評価と呼ばれている。

本稿を書いている現在、いわゆる第Ⅲ期の認証評価が始まりつつある。中教審大学分科会の審議のまとめ[31]は、第Ⅰ期の法令適合性等の外形的な評価から、教育研究活動の質的改善、自主的・自律的な質保証への取組み（内部質保証）と進んできたと位置付けている。これを ISO9001 の視点から見れば、コンプライアンス型評価から成果・パフォーマンス型評価に進化してきたといえる。

第Ⅲ期の評価では、内部質保証を「重点評価項目として明確に位置付けることが必要である」としている。

(1) 認証評価他と ISO 9001 との比較

四年制大学をおもな対象とする認証評価機関には、現在、大学改革支援・学位授与機構、日本高等教育評価機構、大学基準協会の3機関がある。

認証評価での評価事項は文科省令[21]で以下のように定められている。

一　教育研究上の基本となる組織に関すること。
二　教員組織に関すること。
三　教育課程に関すること。
四　施設及び設備に関すること。
五　事務組織に関すること。

> 六　教育研究活動等の状況に係る情報の公表に関すること。
> 七　財務に関すること。
> 八　前各号に掲げるもののほか、教育研究活動等に関すること。

　ただし、項目・視点レベルでは、三つの機関の間で、項目やその整理区分はやや異なっている。表8に、私立大学を中心に受審大学数がもっとも多い日本高等教育評価機構の第Ⅲ期評価システム[23]とISO 9001を比較する。認証評価にあってISO 9001では欠けているか不十分な事項がいくつかある一方、ISO 9001に含まれていて認証評価では触れられていない事項がある。

　前者には、(1) APの設定、入試、定員管理といった入学者選抜関係、(2) 生活や心身に関する相談といった学生支援、(3) 単位認定、進級判定、卒業認定等の基準の策定と周知及び厳正な適用といった学修成果の評価がある。これらは、9001規格の言葉でいえば、顧客の選別、顧客への支援、組織による顧客の評価といえるもので、業態としての大学教育の特異さを浮き彫りにしていることはすでに述べた。9001規格にもあるが、認証評価（もとは学教法に由来する）に比べて不十分といえるものに、情報の公表がある。

　一方、後者にあたる事項には、製品及びサービスすなわち教育プログラムに関する要求事項の明確化、計画・変更の管理、リリースに相当する教育プログラム提供の厳格さがある。「学士課程」答申には、カリキュラムの組織的かつ体系的な編成と実施という考えが、大学の取り組むべき事項の冒頭に示されており、これが上記の事項を含んでいるが、現在の認証評価にこれが含まれていない理由は分からない（これを含んでいる認証評価機関もある）。

　運用（教育プログラム提供）の管理、不適合なアウトプットの是正といった考え方も、9001規格は、現在の大学の現状より相当厳しいものを求めている。まったく新しい視点を与えてくれるのが、外部から提供される製品及びサービスの管理であるのは、本文の中で繰り返し述べた。近年推進されている、外部組織と連携した教育の質保証の難しさに目を向けさせてくれる。

　質保証制度について、認証評価は「内部質保証」の項でのみ扱っているが、9001規格のほうがはるかに詳しいのは当然である。なお、認証評価では、大学教育の質保証と質のマネジメントシステムが持つべき論理性は明示されて

はいない。評価から次期の目標設定と計画に至る道筋も、モデルとしても示されていないと感じる。

表8 認証評価（日本高等教育評価機構）とISO 9001の観点の比較

認証評価にのみあるもの	ISO 9001にのみあるもの
基準1. 使命・目的等	0.2　品質マネジメントの原則
1-2. ④APへの反映	4　組織の状況
基準2. 学生	4.1　組織及びその状況の理解
2-1. ①APの策定と周知	4.4　QMS及びそのプロセス
2-1. ②APに沿った入学者受入れの実施とその検証	6.3　変更の計画
	7.5　文書化した情報
2-1. ③入学定員に沿った適切な学生受入れ数の維持	8　運用
	8.2　製品及びサービスに関する要求事項
2-2. ①学修支援体制の整備	
2-3. ①教育課程内外を通じての社会的・職業的自立に関する支援体制の整備	8.3　製品及びサービスの設計・開発
2-4. ①学生生活の安定のための支援	8.4　外部から提供されるプロセス、製品及びサービスの管理
2-6. ②心身に関する健康相談、経済的支援	
基準3. 教育課程	8.6　製品及びサービスのリリース
3-1. ②DPを踏まえた単位認定基準、進級基準、卒業認定基準、修了認定基準等の策定と周知	8.7　不適合なアウトプットの管理
	9　パフォーマンス評価
	9.3　マネジメントレビュー
3-1. ③単位認定基準、進級基準、卒業認定基準、修了認定基準等の厳正な適用	10　改善
	10.2　不適合及び是正処置
3-2. ④教養教育の実施	

※　本書では、ISO 9001の品質マネジメントの視点から教育のみを取り扱っているので、認証評価にある「経営・管理と財務」と研究に関する項目は除外してある。また、9001規格の「他のマネジメントシステム規格との関係」、「適用範囲」、「引用規格」、「用語及び定義」といった手続き条項も除外してある。

(2) 内部質保証

内部質保証は、いわゆる第Ⅲ期の認証評価の重点事項とされている[32]。内

部質保証という言葉は、分かりにくいとよく言われる。正直なところ、言葉だけからは、品質保証なのか品質マネジメントなのか疑問が生じる。

　内部質保証という言葉の、中教審答申レベルでも初出はおそらく平成 20 年「学士課程」答申だと思う。大学評価・学位授与機構と大学基準協会が第 II 期の認証評価 33, 34) で用い始めた。

　中教審大学分科会の「認証評価制度の充実に向けて（審議まとめ）31)」は、内部質保証を「定期的な自己点検・評価の取組を踏まえた各大学における自主的・自律的な質保証への取組」と定義している。前後の文脈から、ここでの「質」は教育研究のそれと読める。

　一方、高等教育評価機構の認証評価基準 23) では、内部質保証とは、「教育の質保証と大学全体の質保証（下線は筆者による）」の双方について、恒常的な組織体制・責任体制を整備・明確にしつつ行う、自主性・自律性を持った継続的な自己点検・評価を通じた、大学全体の改善に繋げる仕組みと要約できる。具体的には、組織の整備、責任体制の確立、自主的・自律的な自己点検・評価、IR を活用した十分な調査・データの収集と分析、学部、学科等と大学全体の PDCA サイクルの仕組みの確立とその機能性を求めている。

　大学改革支援・学位授与機構の認証評価基準 22) は、内部質保証の体制として、(1) 教育研究活動等の状況について自己点検・評価し、その結果に基づき教育研究活動等の質の改善及び向上に継続的に取り組むことと、(2) 教育研究環境、教育課程、学修成果に関する状況を把握し、改善及び向上に結びつける取組の継続的な実施に必要な手順の明確化が必要であるとしている。

　両者を、特に下線部に注目しながら要約すると、内部質保証とは、大学教育の質と大学の質の両者を保証しようとする大学のシステムであり、教育研究活動の定期的な自己点検・評価を通した自主的・自律的な取組みの手順の明確化を含む組織的枠組みといえるようである。

　中教審大学分科会の審議のまとめは、「内部質保証が有効に機能している限りにおいては、大学としての教育研究活動の質は一定程度担保されていることが見込まれ、逆にそうでない場合は質の担保が不十分である可能性が見込まれる」としており、これはまさしく品質マネジメント、特にプロセスマネジメントの考え方である。これについては、ISO 9001 ばかりでなく、ISO

9004 が参考になる。

4. 大学の質保証：ISO 9004

　製品及びサービスの品質マネジメントを超えて、組織の品質に関する規格として、ISO 9004 (JIS Q 9004) がある。大学の質保証、すなわち現在の課題となっている大学の「内部質保証」を考える上で参考になるので、ISO 9001 の内容を超えている事項を中心に概略を示す。

　JIS Q 9004 は、本体部分が 22 ページで、附属書とされている自己診断ツールを含めても、66 ページという小冊子である。その性格を、9001 規格が「製品及びサービスについて信頼を与える」ことを目的としているのに対して、9004 規格は「組織の持続的成功について信頼を与える」ことに重点を置くとしている。また、「パフォーマンスの体系的な改善」を扱うとの姿勢を記している。

　手続き的な箇条を除くおもな内容は、序文、4) 組織の品質及び持続的成功、5) 組織の状況、6) 組織のアイデンティティ、7) リーダーシップ、8) プロセスのマネジメント、9) 資源のマネジメント、10) 組織のパフォーマンスの分析及び評価、11) 改善、学習及び革新、で構成される。

　9001 規格になかった考えで 9004 規格に盛り込まれているのは、組織の品質、組織のアイデンティティ、パフォーマンス分析、学習及び革新等の考え方である。

　組織の品質［4.1 組織の品質、4.2 組織の持続的成功のためのマネジメント、5 組織の状況］： 9004 箇条［4.1］は、「組織の品質」とは、「持続的成功を達成するために、組織固有の特性がその顧客及びその他の利害関係者のニーズ及び期待を満たす程度」と定義している。この定義を承けて、9001 規格にない概念として、利害関係者として「社会」を、ニーズ及び期待として「社会的責任」を挙げている。組織の品質の維持・向上には、品質マネジメントの原則の中で「関係性管理」を重視することが望ましいとしているのは、これを承けてのことなのだろう。

　組織の品質を向上させるために、トップマネジメントが行うべき事項とし

て、9001 規格を超えて踏み込んだ 9004 箇条［4.2］の記載を抜粋し、以下のように要約する。

> a) 組織の状況をモニタリング・分析・評価・レビューし、利害関係者のニーズ及び期待並びに組織のパフォーマンスに対する潜在的な影響を明確にする。
> b) 組織の使命、ビジョン及び価値観を明確にし、実行し、伝達し、一貫性のある組織文化を促進する。
> g) 組織のパフォーマンスを監視、分析、評価及びレビューする。
> h) 組織の状況の変化に対応するため、改善、学習、革新するプロセスを確立する。

　組織の状況には、おもに利害関係者及び内部・外部の課題が要因となる。9001 規格にはなかった外部の課題として、9004 箇条［5］には、競争、グローバル化、社会的・経済的・政治的及び文化的要因、自然環境などが挙げられている。同じく内部の課題としては、組織の複雑性、戦略、製品及びサービスの種類などが挙げられており、「グランドデザイン」答申の記載の中で、筆者が今後の課題として残るとしたものとよく一致している。組織の複雑性は、本書で筆者が再三取り上げている懸念事項である。
　全体としてきわめて社会性が強いものになっている。大学の質保証のために取り組むべきこととして、示唆されることが多い。

組織のアイデンティティ［6 組織のアイデンティティ］： 9004 箇条［6］は、「組織のアイデンティティは、その使命、ビジョン、価値観及び文化」によって決まるとし、組織のあり様は、アイデンティティと状況によって決まるというほど重視している。ここの四つの語の意味は、9004 箇条［6］に定義されており、以下のように要約できる。

> a) 使命： 組織が存在する目的
> b) ビジョン： 組織がどのようになりたいのかについての願望
> c) 価値観： 使命・ビジョンの下で何が組織にとって重要かを明確にする

> 原則及び／又は思考パターン
> d) 文化： 組織内の信念、歴史、倫理、行動及び態度

　9004箇条［6］は、「組織の文化が、その使命、ビジョン及び価値観と一貫していることが不可欠である」とし、使命、ビジョン、価値観及び文化のレビューは、「組織の状況が変化した場合に」必要であるとしている。これは、大学で、建学の精神、大学の目的、教育研究上の目的等は、頻繁な見直しには適さないとした筆者の考えを支持している。

　パフォーマンスの分析・評価等　［10 組織のパフォーマンスの分析及び評価］：　9001規格にもモニタリングとその結果の分析に関してはかなりの分量の記載があるが、9004規格では「パフォーマンスの分析及び評価」として、さらに踏み込んだ記載をしている。

　含めるべきデータとして、組織のパフォーマンス、組織の内部活動及び資源の状態に関する自己点検結果、内部・外部の課題、利害関係者のニーズ及び期待の変化を挙げている。ここで、利害関係者のニーズ及び期待の把握だけでなく、「変化」としているところが意味深い。

　適切なパフォーマンス指標及びモニタリング方法の選定は不可欠であるとし、主要パフォーマンス指標（KPI）の設定を推奨している。また、分析と評価には、ベンチマーキング法を推奨している。パフォーマンスの強み・弱みに関する自己評価及び改善及び革新に繋がる学習に組織として取り組むことを推奨している。

　これらの記載は、大学でのIRの方向性に示唆を与えてくれる。

　その他の比較：　以上のほか、9004規格は、もちろん9001規格に記載されている事項についても、それらを上回るレベルでの取組みをさまざまに推奨している。9004規格にのみ特徴的に登場している概念をまとめると、組織の状況とアイデンティティを明確にし、自己点検を含む組織のパフォーマンス分析・評価を通じて、社会的責任を果たすことが、持続的成功を保証すると要約できる。大学の「内部質保証」に必要なエッセンスを示していると思うが、どうだろうか。

第5章　大学教育の質保証のさらなる深化

　なお、業務のサイクルについて、マネジメントシステムに関しては「計画、実施、分析、評価及び改善」とし、EQMS で、マネジメントレビューのアウトプットと改善を一体として扱うのに近い。プロセスに関しては、「決定、確立、維持、管理及び改善」と定義している。この結果、9004 規格では PDCA という言葉を一度も使っていない。

5. 責任ある大学に向けて

5.1 再び大学をめぐる状況について

　大学をめぐる現在の状況と今後取り組むべき課題について、平成 30 年「グランドデザイン」答申が示す内容を、9001 規格の品質マネジメントの視点から掘り下げてみたい。以下の記述は、「グランドデザイン」答申の要約がベースになっているが、使われている単語のレベルでは大学教育界ではすでに日常的に使われている用語が多いので、逐語的には引用符は付さない。

(1) 状況の理解

　組織の内部・外部の状況の理解が、品質マネジメントの基礎であることは、9001 規格が［4.1 組織及びその状況の理解］に述べている。

　「グランドデザイン」答申で、現代の大学をめぐる状況として、少子・高齢化と人口減少が進行する社会における労働人口の減少に対する懸念が底流にある点は、従来の答申から一貫したものである。大学と大学教育の質の向上がますます求められているとする状況判断にも変化はない。

　しかし、今後、高等教育への進学率が上昇したとしても、高等教育を受ける人口は減少すると予測し、「高等教育の規模の適正化」の検討が必要としている。これは、我が国の高等教育の量的規模は縮小せざるを得ないとの意味であり、だからこそ、質の向上が益々必要であるとの認識に至るのだろう。

　Society 5.0（超スマート社会）の到来を予測することから、人生のマルチステージ化、雇用慣行の変化などを挙げ、「学び続けること」こそが価値であるとの認識を示している。大学卒業後に新しい知識やスキルを再獲得することが不可欠な時代が来るとし、学び直し論に繋げている。

これらから導出される課題が二つある。人口減少期の大学という視点では、大学進学率の上昇による学修層の拡大に対応するために、学生の伸びを重視する教育が最大の課題になるだろうという点である。だからこそ、教育の質の保証、さらにそのマネジメントシステムが必要になる。このことから、大学の機能強化が求められる点は、今後さらに強まると予測できる。いま一つは、テクノロジーの急速な変化を含む新しい知識の発見や新しい技術の創出から、一度の修得だけでなく、変化への適応力が求められることである。この指摘は、学び直し（＝社会人教育）の必要性に繋げられる。

　これらは、ともに大学の機能の多様化に繋がる。機能の多様化は、大学運営の複雑化に繋がり、本来の意図に反して、教育の質保証は困難になる可能性が懸念される。

(2) 大学教育の量的規模

　大学教育の量的規模については、歴史的に論点の変化がある。大学全入時代と言われ始めた頃、一部に、大学の数が多過ぎる、すなわち国全体の大学教育の規模が過大であるとの声があったが、「学士課程」答申は、これを採用せず、規模と質ともに充実を図るとした。OECD諸国と比較することで、大学教育を受けた人数をさらに増やす必要があるという流れが出現した。「グランドデザイン」答申では、大学教育への進学率が今後とも上昇したとしても、人口減少により、大学が多過ぎる時代が来ると考えるようになっている。

　「グランドデザイン」答申は、ユニバーサル段階という語を多用している。答申が引用しているトロウ[35]によれば、この語は、大学教育の普及の歴史を俯瞰した、エリート教育、マス教育、ユニバーサル教育という時系列的な発展段階を示したモデルの中に現れているものである。しかし、現在の高等教育政策は、これをキーワードにしつつ、高等教育進学率の上昇に向けた強いドライブをかけようとしているように見える。

(3) 大学教育の質と教育方法

　教育と学修の質の向上は、近年の中教審答申の一貫した課題である。特に、

「大学教育の質的転換」答申からの流れを承けたものである。

　「持続可能な開発のための目標」を取り上げ、環境の保護、平和と豊かさ、人権の尊重、インクルーシブ（包摂的）な世界、貧困と飢餓の撲滅、ジェンダー間の平等、自然と調和する経済・社会・技術、天然資源の持続可能な管理、気候変動への対応等の地球規模の課題を記載しているのには注目しなければならない。「学士課程」答申の「知識体系の意味と自己の存在を歴史・社会・自然と関連付けて理解する」ことの重要性の指摘の継承と位置付けることもできるだろう。

　「持続可能な開発」は、1992年のいわゆる国連環境会議で採択されたアジェンダ21 36)の中で提唱され始めた概念で、決して新しいものではない（筆者が若い頃から、この思潮の下で、水産資源の持続的利用法を研究してきたほど長い歴史を持っている）。国際連合教育科学文化機関（ユネスコ）が2005年頃からこの考えを教育に取り入れて提唱し始めたのが、持続可能な開発のための教育（Education for Sustainable Development： ESD）である。

　文科省は、ESDには、(1) 人格の発達や、自律心、判断力、責任感などの人間性と、(2) 他人、社会及び自然環境との関係性を認識し、「関わり・つながり」を尊重できる資質を育むことが必要としている37)。育みたい力として、(1) 体系的な思考力（問題や現象の背景の理解、多面的かつ総合的なものの見方）、(2) 代替案の思考力（批判力）、(3) データや情報の分析能力、(4) コミュニケーション能力、(5) リーダーシップが挙げられている。学士力の要素に近いが、より一般化されている。今後、必要な学びの質として強調されることは、おそらく間違いないだろう。なお、「批判力」は日本ではこれまであまり強調されてこなかったが、欧米文化の文脈では、高等教育を受けた者に求められる重要な資質の一つである。

　「グランドデザイン」答申は、「入学時から修了時までの学修者の伸び（中略）をも意識した（教育の）質の向上」が必要であるとし、「学修成果」を強調している。「何を学び、身に付けることができたのか」、「学修の成果を学修者が実感できる教育」が必要といった趣旨の記載を繰り返している。また、人工知能（AI）に代表される技術革新の早さや予測不可能な時代と言われる状況の中で、自ら課題を発見し解決に取り組む教育が必要としている。

このことから、アクティブラーニングや情報通信技術（ICT）等を活用した学び方（教え方）の転換の必要性の強調へと繋がる。ただし、あとで述べるように、これらの教育上の目的と手法にどれほどの論理的繋がりが担保されているか、いま一つ分からない部分が残る。

(4) 大学像と大学内の多様性
　各大学は「強み」と「特色」を活かし、それぞれのミッションに基づき「強み」を強化していかなければならないとしているのは、「高等教育の将来像」答申や「国立大学改革プラン」以来の流れである。
　グローバル化の進行とともに、自らとは異なる文化等を持った他者との接触が増大することから、多様な人々を含む大学へと大学像の根本的な変化が必要であるとの論に繋がり、「多様な価値観を持つ多様な人材が集まることにより新たな価値が創造される場」＝「多様な価値観が集まるキャンパス」を唱えている。本書の冒頭で、「大学のユニバーサルアクセス化」、「クロスロード化」として示した大学像とほぼ同じである。
　多様で柔軟な教育プログラムの形成が求められ、学部・研究科等の組織の枠を越えた教育研究を行える仕組みが必要としている。さらに、国公私立大学の枠組みを越えた連携や機能分担を促進する制度の創設を謳っている。高等教育機関内のガバナンスも、組織や教員を中心とするのではなく、学内外の資源を共有化していく必要があるとしている。ただし、こうした多様化がなんのために必要なのかという論理は、いま一つ明確ではない。
　教員の多様化を求めるのも新しい指摘で、実務家、若手、女性、外国籍など様々な人材の教員への採用が望ましいとしている。ただし、この真意もいま一つ理解し難い。従来の大学教員とは異なる知識やスキルを持っている人々を大学というコミュニティに迎えることで、大学教育の内容が充実するというのは理解できる。しかし、教育の質保証の視点からは、教員に必要とされる力量は、教育プログラムの内容と質及び学生満足の向上のための必要性から判断されるものである。教育ニーズの多様化から、国全体としては教員の多様化が必要とされるだろうが、個々の大学にとって、教員の多様性が

その強みと特色の発揮にどのように貢献するかの論理は、明確ではない。

平成 14 年「大学の質保証」答申では、我が国の学位の国際的通用性の確保が大きな問題意識であったが、最近はやや前面から退いた感がある。

(5) 地方と大学

「グランドデザイン」答申は、地方大学の役割として、地域全体の維持・発展に貢献することを求め、大学には、地方のポテンシャルを引き出すことが期待されているとの認識を示している。

戦後の高等教育の量的拡大の過程で、「教育研究の多様性によって、複雑な社会の変化に対応できるより多くの国民を育成し、一人一人の労働生産性を大幅に引き上げるため、幅広い年齢層に及ぶ中核人材の教育機会を保障し、国民の知的水準を底上げする役割」を私立大学が果たしてきたとしているが、これはそのまま地方大学の役割であるともいえる。

地方の高等教育に特有の問題として、若年人口の流出があるが、このことに関しては、答申はあまり触れていない。地方では、大学進学時と卒業時に大きな人口流出がある。上記(1)で、大学教育の規模縮小の可能性が想定されていることを書いた。現状でもしこれが起これば、地方で始まる可能性が高い。大学数がそもそも少ない地方で大学教育規模が縮小されれば、地域の人材育成に大きな支障が生じる。このような状況の中で、確実に生き残ることは、地方大学の社会的使命であるといえる。

地域における高等教育のグランドデザインが常時議論される場として、地域連携プラットフォーム（仮称）が提唱されているのは新しい。地域社会の発展に貢献する意識を持った人材の育成について、高校教育界と大学、行政と地域社会、地域社会と企業、企業や行政と大学などが、新たな関係を構築し、新しい地域社会モデルを示して行かなければならないとしている。

(6) 大学の社会的役割の拡大

「グランドデザイン」答申は、我が国の社会の力強さを将来にわたって維持するには、すでに就労している人びとが生涯学び続けることをどのように

担保するかが、最大の課題の一つであると指摘している。

「生涯学び続ける」という命題に関しては、若干の論点の変化がみられる。平成20年「学士課程」答申で示された学士力では、「生涯を通じて学び続ける基礎的な能力を培うこと」が大学卒業時までに求められた。それに比べて、「グランドデザイン」答申では、リカレント教育を重視する姿勢を示している。「学士課程」答申が、「（こうした能力は）多様化・複雑化する課題に直面する現代の社会に対応し得る自立した市民として不可欠」と強調した論点には変化はないが、「学士課程」答申では、生涯学び続けていく基礎力を在学中に修得することが求められていたのが、「グランドデザイン」答申では、大学に戻ってきて学び直すというほうに重点が移っている。

「履修証明制度の活用状況の検証」が必要であるという提案も、同じ流れで理解できる。これまで、生涯学び続けることの意義は、定年退職前後の市民を対象にした公開講座活動などに重点が置かれてきたように感じるが、これも性格の再検討が迫られるだろう。

社会人教育に並行して、留学生教育の充実も求められている。一見して、かなり異なる課題のように見えるが、社会人教育と留学生教育の充実が強調される背景についてはすでに論じた。

これらの教育活動は、高校卒業者をおもな対象としてきた従来の大学教育にとって、任務の大幅な拡大をもたらす。顧客の多様化である。9001規格は、冒頭で、「ますます動的で複雑になる環境において、一貫して要求事項を満たし、将来のニーズ及び期待に取り組む」ことが必要であると書いている。社会人や留学生と向き合う役割について、大学に何ができるのか、そこに機会（チャンス）はあるのか、地に足を付けた検討が必要であると思う。

(7) 教育の質のマネジメント

「グランドデザイン」答申は、大学教育の質のマネジメントの面で、教育活動の内容の社会への発信を通した、透明性確保と説明責任を強調している。このために、国が「教学マネジメントに係る指針」を策定し、学修成果の可視化と情報公表の在り方のモデルを示すことを提唱している。

第 5 章　大学教育の質保証のさらなる深化

　具体的には、中教審大学分科会の下で「指針」を作成し、各大学へ一括して示すとしている。答申は、参考と断りつつも、指針に盛り込むべき事項の例（以下「指針例」という。）して、プログラムとしての学士課程教育、三つのポリシーの策定、カリキュラム編成の高度化と外部人材の参画、FD・SDの高度化、教学IR体制の確立、情報公表の項目や内容等に係る解説等を挙げている。

　このためになすべきことは詳細をきわめており、(1) 柔軟な学事暦の活用、主専攻・副専攻の活用、ナンバリングや履修系統図の活用といった学務管理に関する事項や、(2) CAP制、履修指導体制の確立、シラバスにおいて標準的に期待される記載事項、学修時間の確保と把握、成績評価基準の適切な運用などの教育の質の管理に関する事柄、(3) アクティブラーニング、ICTを活用した教育の促進といった教育手法に関する事柄、(4) 学生による授業評価、学生個人の学修成果の把握といった教育の点検に関する事項が挙げられているが、玉石混交、またとても 2040 年を展望したものとは言えないと感じるのは筆者ばかりではないだろう。

　質保証のあり方の見直しとして「学んでいる学生は成長しているのか、学修の成果が出ているか」といったことが確認できる質の保証のあり方を追求するとしているが、これは質保証で何を担保するのかであり、質のマネジメントまでは言及できていない。上記の指摘には異論はないが、教学マネジメントに係る指針に盛り込むべき事項がどのようにして、これらを担保できるのか、論理的な筋道は明らかではない。

　なお、単位互換制度等の大学間連携を推進するにあたって、「質の保証にも留意しつつ」とことわっており、大学教育の質保証と外部組織と連携した教育推進の間にあるリスクには意を用いている。これは、他大学等での学修の単位認定に上限を設けている設置基準の規定とも関係しているのだろう。

　「教員自身が教育の質を自らの事として捉える」ことが重要とされているが、品質保証の原則にある「人々の参画」の点から当然である。

　最後になるが、学部・学科を越えたプログラムとしての学士教育を唱えているのは、学部・学科という大学の基本組織が、制度的に機能しなくなっているということではないかと感じる。

5.2 教育の質保証システムの機能性向上に向けた課題

　ここまでの分析に基づき、9001 規格や認証評価の要件等を満たす教育の質保証システムのさらなる展開のための、今後取り組むべき課題を検討したい。ここでの考察は、「グランドデザイン」答申とそれが示した指針例も参照しつつ、本書の最後に示す「教育の質保証のポリシー」と「大学教育の質保証のための規範」に繋げるのが目的である。

(1) リーダーシップとガバナンス

　状況と課題の多様化と複雑化：　状況として把握しなければならない情報は、拡大の一途をたどっている。文科省は、「グランドデザイン」答申のキーワードは多様性であると説明しているが、まさしくそのとおりである。このことによって生じる大学教育の機能の多様化と複雑化の影響については、本章第 5.1 節でさまざまな視点から指摘した。

　大学の基本組織の「枠を越えた多様で柔軟な教育プログラム」という課題も、業務の多様化に繋がる。おそらく、「グランドデザイン」答申が指針例に「プログラムとしての学士課程教育」を挙げ、これと三つの方針の策定を関連付けているのは、従来型の学部・学科ごとに三つのポリシーを作るのより、もっとダイナミックに変化し得る制度を求めるものなのだろう。

　教員の多様化も、人事を複雑にするだろう。政策等の複雑化も進行している。学教法から設置基準と中教審答申までを理解しておけばよかった従来の状態に加えて、内閣府等の文科省以外の省庁等から発せられる各種の提言等も把握しなければならなくなっている。

　これらの状況と課題を把握し、大学の機能を有機的に働かせるには、例えば指針例が謳う「教学 IR 体制の確立」や企画能力の強化などを含む大学のガバナンス機能もますます多様化・複雑化せざるを得ない。平成 27 年度の学教法の改正にみられるように、学長のガバナンスの強化による戦略的・機動的意志決定システムが求められているが、大学のガバナンスの活性度をさらに高めなければ、この状況には堪えられないのではないかと感じる。

　このためには、9001 規格にみられるように、学長等の直接的な責務と、制

度の構築・効果的な維持に対するコミットメントを切り分けて理解することが重要である。指針例が掲げる「全学的な教学マネジメントの確立」は、これと同じ考えであると思いたい。

正直なところ、多くの大学は、高等学校卒業者をおもな対象とした学士課程教育に専念していた時代とあまり変わらない人員で運営されている。今後の教育の質保証システムは、多方面での多様性の増大に対応するにしても、複雑さの無限の拡大に歯止めをかけるマネジメントシステムを模索していかなければならない。

構成員の参加： 本書で紹介したような教育品質マネジメントシステムを構築するのは、言うまでもなく、大学が提供している教育の質を高め、大学教育の社会的な必要性・重要性を認知してもらいたいという動機による。大学運営では、利益を追求したり、顧客（学生）数を増やしたりすることが目的ではないので、教育及び大学の質の向上を通じて社会的に意義ある活動としたいということだけが大学構成員のインセンティブである。

ここで大きな課題がある。大学には「入口・出口論」という言葉があるが、努力し「製品（教育プログラム）」の競争力を高めていることが、受験生、学費負担者、高校教育関係者、受験産業界や、卒業生を受け入れてくれている企業、業界に認知してもらえるかどうかである。ここには明確なブリッジは存在せず、「評判」という漠然としたものに依存せざるを得ない面がある。このような条件の下で構成員のモティベーションを長期にわたって如何に維持するかは今後の大きな課題である。

指針例が提唱する「FD と SD の高度化」が、大学構成員の能力向上ばかりでなく、上記のモティベーションを維持・向上し、ISO 9001 の「品質マネジメントの原則」がいう構成員の積極的参加を促すものとして、機能させていく道を模索する必要がある。

学生への修学支援： 顧客への支援という考えが 9001 規格では希薄であることはすでに論じたが、大学教育の質保証システムでは、指針例が挙げる「履修指導体制の確立」（確実に学修を進めていくことができるようにする支援として）は益々その重要性を増すだろう。このことは、学生とのコミュニケ

ーションの視点から、すでに相当論じた。「グランドデザイン」答申が示す大学像によれば、学生の多様化が確実に進行し、これも支援の多様化・複雑化に繋がる可能性が高い。

　本書を執筆しているいま、高等教育の一部無償化（負担軽減又は支援制度）が大きな話題になっている。「誰でも学習意欲さえあれば」高等教育にアクセスできるようにするということで、低所得世帯の高校生・学生に、給付型奨学金と学納金免除を提供しようというきわめて大規模な施策である。動き始めれば、高等教育進学者の数は増加すると予測できる。これまで、学力ではなく経済的要因で大学進学をあきらめていた層の掘り起こしであるため、従来の大学進学率の向上とは異なった影響に繋がるかもしれない。

　いずれにしても、学生への支援として求められる事項は今後も拡大・多様化していく可能性が高く、十分にモニタリングしていく必要がある。

(2) カリキュラムの計画

　カリキュラム編成の高度化：　学生の伸びを目指すという視点からの教育の質とは、どのような制度により保証できるのか、どのような指標で表現できるのか。学位授与の方針を実現するためには、何をどう教える必要があるかという視点から、カリキュラムを組織として体系的に設計する制度を確立することが益々重要になるだろう。

　志學館大学では、学修成果の可視化のために、個々の授業科目は学位授与の方針のどの項目をおもに支えるものであるかを明示し、各学科等の履修モデルから上記の各項目を達成するために必要な単位数を「志學館スタンダード」として学生に示す方法を採っている。カリキュラム編成の高度化（ナンバリングや履修系統図の活用）についての試みであるが、これに GPA を組み合わせて、学修成果の伸びを可視化できるようなものにしたいと考えている。学修成果の可視化の具体的な手法については、未完成な課題として今後も追及していく必要がある。

　指針例は、「カリキュラム編成における外部人材の参画等」が必要としている。これまでも、カリキュラム編成の基礎となる学位授与の方針について、

産業界等の意見を聴いてきたが、カリキュラム編成の方針の策定の段階から、外部からの参加を得て行うのは、そもそもそういう人材を大学以外から得られるのかという点で、相当高いハードルである（この方策の意図に照らせば、他大学からの参画を得るのではあまり意味はないと感じるため）。

　カリキュラム編成にあたって、知の継承性か社会的ニーズに合わせた機動的改編か、いずれを重視するかも大きな課題である。教育の目的に人材養成、職業人養成を掲げる以上、大学教育におけるカリキュラムの機動的改編の必要性は何人も認めるところだろう。ただし、知の継承性を個性とする戦略を採る大学・学部では、機動化が必ずしも製品（教育プログラム提供）競争力の向上に繋がらない場合もあることは留意しておくべきであろう。

　教育プログラムの多様化：　指針例は、「柔軟な学事暦の活用」を挙げている。筆者は、以前、大学院課程においてではあるが、年間 6 学期制を構築したことがある。授業科目の開講のまったくない学期を置き、海外の大学での短期研修や集中的な調査・研究に充てることができるようにした。こうした学事暦の柔軟化は、教育の質の向上に向けた大きな可能性を秘めている。学士課程で実施しようとすれば、大学の制度・組織の大きな変更を伴わざるを得ないが、将来に向けた検討は是非必要であると提言したい。

　「主専攻・副専攻の活用」も提示されている。「グランドデザイン」答申は、教育プログラムの多様化を標榜しているが、これらを進めれば、大学の基本組織に従った専門分野ごとの体系的な教育プログラムと学部・学科横断型の教育プログラムの並立というかたちに行きつくのではないか。学生が学びたいことへの対応という点では、否定はできないが、これらによる教育の質のマネジメントシステムの複雑さの増大は、間違いなく起こる。教育の質保証の新たな課題となることは間違いない。

　教養教育の再構築：　筆者は、カリキュラム設計の基準としては、平成 20 年「学士課程」答申で「学士力」として掲げられた事項は今後も暫くは有効であると考えている。また、これに加えて、「持続可能な開発のための教育」を取り込んでいく必要があることは確実である。

　「学士課程」答申は、例示した学士力の要件の冒頭の一項で、「専攻する

特定の学問分野における基本的な知識を体系的に理解するとともに、その知識体系の意味と自己の存在を歴史・社会・自然と関連付けて理解する」と謳い、多文化・異文化に関する知識の理解、人類の文化、社会と自然に関する知識の理解が必要であるとした。

同様の視点は、「持続可能な開発のための教育」が、自らと「社会との関係性、自然環境との関係性を認識」できることを重視し、環境、平和や人権等の課題への取組みが必要としている考え方にも表れている。

これらは、「グランドデザイン」答申が提唱する「幅広い教養」教育以外の何ものでもなく、大学教育の基盤である。そのような授業科目が初年次ばかりでなく在学期間を通じて用意されるべきである。

「高い教養と専門的能力を培う」ことが大学の基本的な役割であるとの旨が、教育基本法[38]でも定められていることも思い出したい。「学士課程」答申は、現在の共通教育がスキル教育に重点が移行しつつあると指摘したが、教養教育の再構築を真剣に検討する時期にきている。

(3) 教育の実施

履修指導： 指針例は、「シラバスにおいて標準的に期待される記載事項」を国が提示するとまで踏み込んだ表現をしている。また、「CAP制の適切な運用」を求め、「学修時間の確保と把握」が必要であるとしている。平成24年「大学教育の質的転換」答申の流れを引き継いだものだろうが、外形的な制度的管理に留まっていると感じるのは筆者ばかりではないだろう。

ISO 9001でいう顧客とのコミュニケーションの視点から、履修指導の重要性については、何度も記した。先に書いた製品・サービス提供の視点から見た大学教育の特徴に照らせば、もっとも大切なのは、必修・選択必修・選択科目の中から、学生個々のニーズと期待に従って、もっとも有効な4年間の履修方法を指導していくことである。多くの大学では、少人数の指導教員制度や学修支援センターといった組織がこの任に当たっている。顧客への製品の特性の説明という視点から、掘り下げた議論が必要だろう。

教育実施のモニタリング： EQMSが示すように、9001規格の視点から見

れば、従来の大学教育では、個々の授業科目のモニタリングと得られた情報の分析は弱い。指針例は、「学生による授業評価」を挙げているが、もっと踏み込んだアプローチが必要である。

　授業のモニタリングと授業科目教育の合否判定という発想が必要であることは、すでに述べた。少なくとも、15回の授業の確実な実施、シラバスに則った授業、授業内容と試験との整合性、成績評価区分運用の適切性、授業の双方向性等の確認に関する制度化は必須である。また、これを実施するには、自己評価と授業参観を発展させたピアレビューが適切だろう。そのような学内文化の醸成に繋がるようなFD活動を追求したい。

　志學館大学では現在、学生による授業モニタリング項目と学生の自らの学びの自己評価の相関の分析を進め、学生の積極的な学習を引き出す要因を探っているところである。こうした活動を通じて、授業のモニタリングを、コンプライアンス型からパフォーマンス型の点検へと発展させていきたい。

　教え方の質：　教育の質は、授業科目のコンテンツの質保証だけでは担保できないのは言うまでもない。教育の成果を向上させるには、教授した内容を学生の理解の中に定着させそれを発想力として開花させることが必要である。このためには、「教え方」に取り組むことが不可欠である。

　「学士課程」答申は、「学生の学習活動や学習成果の面で顕著な成果を上げてきたか」、「学生の学習成果の達成に向けた教育内容・方法の格段の充実」の必要性、「教育内容・方法、学修の評価を通じた質の管理が緩い」といったことを、「危機感」という強い表現を使いながら記載した。

　これらは、質保証システムの問題ではなく、教育手法の問題である。平成26年「高大接続」答申は、すべての授業科目をアクティブラーニングの方向に向かわせる必要があると読めるように主張しており、指針例ではこれが踏襲されているが、アクティブラーニングの推進と授業の実質化や成績評価基準の明確化の間には未整理な面が残っており、今後の研究が必要である。

　「グランドデザイン」答申が、いわゆる「学力の三要素」を言葉としても盛り込んでいない理由はよく分からない。志學館大学では、学力の三要素を重視し、それらに対応するものとして、「実践的で体系的な専門的な知識と

技能」、「総合的な問題発見・課題解決能力」、「職業観を持ち生涯学習し続ける能力と職業人としての意識」をディプロマポリシーの中に組み込んでいる。カリキュラム PDM の項で説明したように、これらを担う授業コンテンツを考え、授業科目を構成するという方法で教育課程を編成している。ここまでのシステムには自信があるが、このような方法が学生の伸びに有効に働いているかを、どのように学習成果として評価していくかが、今後の研究課題であると考えている。

他大学等と連携した教育（単位互換やインターンシップ）： 地域の企業でのインターンシップやボランティア活動も正規科目の中に取り入れ、社会に触れたり、現場での体験を持てる機会を用意する必要がある。「グランドデザイン」答申も、他大学を含む外部機関や産業界と連携した教育を推進するという立場を採っているが、なぜか指針例にはこれが含まれていない。

外部組織と連携した教育の重要性にかかわらず、これの質保証はきわめて難しく、今後の課題であることは本書の中で何度も論じた。繰り返しは避けるが、この領域の研究が必要である点は再度指摘しておきたい。

カリキュラム以外の学生活動の質保証への組み込み： 「学士課程」答申は、大学の教育は、カリキュラムと、それによる教育以外の学生のさまざまな活動の組み合わせで達成されるとしている。一方、本書は、第 2 章第 1.3 節の「製品及びサービス」の項で記したように、大学が質を保証できるのはカリキュラム教育までであるとの立場にたっている。

カリキュラム以外の学生の活動をどのように教育の質保証制度に組み込んでいくかは、理論的にも具体的な方策についてもいまだ確立しておらず、将来の課題であると考える。

(4) カリキュラムの点検

学修成果の評価： 指針例は、「学生個人の学修成果の把握」が必要としている。しかし、学修成果の評価の点では、近年提唱されているアクティブラーニングにはまだ有効性が確認しきれない点が残っている。

筆者は以前、約10ヶ国から来た外国人留学生を含むほぼ20名の学生を対象としたクラスで、英語でのアクティブラーニングに取組んだことがある。講義は授業の最後に15分程度とし、その内容に関して1週間かけて自習を求め、次週の最初に何人かの学生に自習結果を発表させ、グループ討論、討論結果の発表で1サイクルとした。その後、また15分程度の講義をして、次週に繋げるということを繰り返した。学生による授業評価では、一部の学生からは高く評価されたが、最後に試験ができないという問題に立ち至った。学生の理解・受け止め方が多様過ぎて、公平でかつ到達点を客観的に評価できるような問題が作れなかった。また、性格的にアクティブラーニングに向かない学生がいることは否定できない事実であり、かえって参画度が低くなってしまう学生が現れたり、このために、学生の理解度の開きが大きくなってしまうこともあった。

　指針例が示しているように、「適切な成績評価基準」はきわめて重要であるが、アクティブラーニングには、学修成果を評価し難いという質保証上の大きな課題が残っているという点を指摘したい。今後、アクティブラーニング等の手法を個々の教員の努力に任せず、大学全体での研究が必要であることを訴えたい。

(5) 継続的改善

　質保証のマネジメント：　大学の教育機能の対象領域の拡大が求められ、複雑さが進行する中で、これらから教育の質保証はさらに難しくなることは確実である。中教審大学分科会の審議のまとめ[13]が記しているように、効果的で効率的な自主的・自律的な教育の質のマネジメントシステムの構築が急務である。

　ISO9001の視点から見ると、近年の大学及び大学教育の質保証の議論は、「内部質保証」という言葉で代表されるように、ようやく品質マネジメントシステムという考え方に近づいていると感じる。9001規格に加えて9004規格の考えも取り入れることで、安定的で継続的なシステムを追求することが可能になることを提唱する。

(6) 情報公表

本文で記したように、国は、情報の公表は教育の質保証の四本柱の一つとして位置づけている。公表すべき情報はすでに学教法施行規則で定められているが、指針例が、公表する「項目や内容等に係る解説」まで求めているのには、今後注意していきたい。ここでも、公表の複雑化が進行する可能性があるためである。

情報公表は、9001 規格の弱みの一つであるが、後述するように、9004 規格では、社会の期待に応えることを「組織の社会的責任」として強調している。先に記したように、受験生、高校教育関係者、受験産業界に認知してもらい、高い評価（評判）を得るという功利的な面でも重要である。今後、情報公表を、社会全体を対象とした責任ある取組みとして位置付けることが不可欠である。

6. 内部質保証のポリシー ［ISO 9000 原則］

大学による内部質保証に関する全体的なポリシーを表明するのは、まだ一般的ではない。EQMS では、「品質マネジメントの原則」に従い、学長等のリーダーシップの下で、大学が大学及び教育の質のマネジメントに取り組む上での基本的な考え方を、例えば以下の枠内のようなポリシーとして明示することを提案する。

> 1. 学生重視
> 　教育の質を保証及び向上する制度を構築し、学修成果に関する学生の満足をもっとも重視した教育プログラムを提供する。
>
> 2. 大学ガバナンスの確立
> 　学長を中心としたガバナンスの下で、教育の質保証に必要な教職員並びに施設・設備及び環境を確保し、建学の精神、使命及び教育上の目的と一貫性を持った学位授与の方針及びカリキュラム編成の方針を定め、カリキュラムを組織的かつ体系的に編成・実施・点検・改善できる教学マネジメ

ント体制を確立する。

3. 教育の質保証への教職員の積極的参加
　大学が取り組んでいる教育の質保証について、全教職員がその趣旨を理解及び共有し、FD 及び SD 活動を通じて、全教職員が必要な力量の向上に取り組み、教育の質保証に積極的に参加する。

4. 確実な教育体制の構築
　授業計画の形成、実施、モニタリング及び改善の確実化を図り、教え方の工夫並びに授業科目の達成目標及び成績評価基準を明確にし、学生が期待に沿った学修を行えるよう、適切な履修・学修指導と支援を行う。

5. 高大連携に基づく公正な学生募集
　高大連携を推進し、入学者受入れの方針に従った人材を受け入れる。大学の教育に関する正確で誠実な情報を高等学校及び受験生に提供するとともに、透明で公正な入学者選抜を行う。

6. 情報公表とコンプライアンス
　大学教育及び研究に関係する法令等を遵守するとともに、各種のポリシー及び教育研究活動等について正確な情報を公表し、社会的責任を果たせる運営を行う。

7. 客観的事実に基づく意思決定と継続的改善
　受験生、高校教育界、産業界及び地域社会のニーズ及び期待に関する情報を収集・分析するとともに、教育研究上の目的及び学位授与の方針等の達成状況を継続的にレビューし、教育課程の充実・改善に生かし、その内容の適切性を維持し学修成果の向上を目指す。

　内容は、9001 箇条 [0.2] にある「品質マネジメントの原則」に基づき（第 2 章第 1.4 節参照）、七つの原則係る事項から、「責任ある大学」といえる運営上の重要なものに絞り込み、これらを大学の教育運営の中でどう考えているかを意思表示するかたちにしたものでもある。

第1項が「原則1 顧客重視」、第2項が「原則2 リーダーシップ」、第3項が「原則3 人々の積極的参画」、第4項が「原則4 プロセスアプローチ」、第6項が「原則7 関係性管理」に相当する。

第7項は「原則6 客観的事実に基づく意思決定」と「原則5 継続的改善」を合わせたものである。第5項は、原則にはないが、大学の社会的使命としてもっとも重要なものの一つである入学者の受入れについて書いたものである。受験生や高等学校を含む社会と接続・調和した存在でありたいと考え、これを取り上げた。

第2項は、「原則2 リーダーシップ」とは少し異なり、学長等のガバナンスに代表される大学運営の枠組みを示すこととした。もちろん、これに責任を持つのはトップマネジメントの責務なので、これで正しいと考える。

第4項の題名は「原則4 プロセスアプローチ」とはかなり異なるが、教育プログラムの計画から改善までのプロセスを責任をもって実施することを記したので、内容面で原則4にあたる。

第6項は「原則7 関係性管理」より相当踏み込んだ内容である。情報公表が法的に義務付けられていることと、国が教育の質保証は設置基準や認証評価といった法的な制度に支えられているとしているため、これらに対するコンプライアンスを重視したものである。一方、関係性管理の基礎である利害関係者のニーズ・期待の把握は、上記と切り離し、IRとして継続的改善に繋げて、第7項に置いた。

なお、平成30年「グランドデザイン」答申は、教学マネジメントに係る指針に盛り込むべき事項を例示しており、それ等も考慮しつつ、品質マネジメントの根幹に係るものにするように絞り込んだつもりである。

7. 大学教育の質保証のための規範

最後に、JIS Q 9001 規格をベースに、本書での分析や筆者の経験を基にして、私案「大学教育の質保証のための規範」を作成し、巻末に示した。ISO 9001の視点から大学教育の質保証を捉えてみようという本書の意図に従い、規範私案の考え方は、基本的にISO 9001のそれを最大限継承している。ただし、

第 5 章　大学教育の質保証のさらなる深化

大学教育という「業態」に関する経験から、項番や用語はほぼ全面的に入れ替わっている。

　一部に ISO9004 の考え方や、近年の認証評価や中教審答申の示す方向性を取り入れ、内容をより大学教育に則したものにした。また、9001 規格はすべて、組織又はトップマネジメントを主語として書かれているが、規範私案は、特に限らない限り、大学の規則類に一般的な、守られるべき状態や結果を主語とする文体で書いてある。多くの読者には、このほうが自然で読みやすいと考えたからである。

　大学教育の質保証及び内部質保証に役立つものになっているか、ご意見、ご叱正をいただきたいところである。

あとがき

　ISO 9001 を大学教育に適用した筆者のおもな経験は、JIS Q (ISO) 9001:2008 版によるものである。本書は、最初、2008 年版に従って書き始めたものを、2015 年版への改訂により全面的に書き直したものであるが、誤った記述や理解不足があればご教示いただきたい。

　本書では、中教審答申をはじめ文科省が公表している文書を多く引用した。文科省のサイトに「あたかも国が作成したかのような態様」での引用を禁止するとある。記載があるという事実のみを坦々と引用したつもりだが、なお誤解が生じるような書き方になっていたら、ご容赦願いたい。

　筆者は、大学院の博士課程を終えたあと、パプアニューギニア大学で、3 年契約を繰り返す「御雇い外人」教師として、約 10 年間奉職したことがある。赴任して 1 週間後から授業を開始するようにとの dean からの指示で、急ぎシラバスを提出しろと言われた時には、シラバスって何だろうと面食らったものである。当時の日本の大学ではシラバスはまだ影も形もなく、この単語さえ知らなかった。複数の授業を担当することになっていたので syllabi と口頭で言われ、当時の紙の辞書で探し出すのに苦労したのも、ほろ苦い思い出である。教育の質保証分野での筆者の経験の始まりであった。

　Dean から、授業を行うにあたって、各回の出席記録ばかりでなく、授業内容の記録や配布教材などを必ず整理して保存しておくようにアドバイスを受けた時には、なぜそんな業務日誌みたいなものが必要なんだろうと訝しんだものである。のちに、学期末試験結果の発表後に faculty board で成績が確定するまでのあいだに、学生にアピール（成績異議申し立て）権があるので、それがあった場合のエビデンスとして残しておくものだと知った。

　初めての学期が終わって試験を実施したところ、成績評価で A、B、C、F の率が指定されており、特に F（不可）を定められた率で必ず出すようにと言われた時にも驚いた。学生がみんないい点をとったらどうするのだと質問したところ、授業の内容、学生の学力と試験問題は連動したもので、指定された率にならないのは、これらのバランスのどこかが崩れているからだと説明されて納得した。ただ、F を一定の率で出すのは、パプアニューギニア人

学生は全員が国費学生であるため、成績不良者を4年間大学に留める「無駄」をなくし、順次ふるいにかけて最終的に優秀な学生だけを残すためだと言われた時には、さすがに途上国ゆえの特殊事情だと思ったものである。

　勤務し始めて2年を経て、1年後の契約更新の交渉に入った時、teaching, research, community services, administrationの4領域での自己評価書を出せと言われた。幸い、昇進付きの契約更新という最高評価を得ることができたが、人事面談の席で、大学側が、私に対する学生による評価報告書も受け取っているということを知った時にも驚いたものである。いまにして思うと、すべて教育の質保証を目指した制度であったのだと思う。

　パプアニューギニア大学では、1授業科目は、講義、演習、実験／実習の組み合わせで、週に3回の授業で5単位であった。また、学生が1学期に履修できるのは4科目までと決まっていた。1年間で8科目中7科目合格が進級基準である。これらは、現代風の言い方をすれば、すべての授業科目がアクティブラーニング的な性格を持ち、CAP制が採用されていたということである。また、進級基準の明示でもある。

　筆者は、これを1学期に3科目程度ずつ担当していた。15単位ずつで、年間30単位分である。若い頃とはいえよくやったものだと思うが、assistant lecturerや十分な数の技術職員とTAが配置されていて、さほど苦にはならなかった記憶がある。

　日本に帰ってくる前に、一度カナダの大学の公募に応募したことがある。書類選考に残って、面接に呼ばれた。教員採用人事は1週間をかけて行うもので、学生を対象とした模擬授業、教員への研究講演、地元漁業者への模擬技術指導、州政府水産局職員との面談を一日に一つずつこなし、最終日に、彼らからのレポートを持った大学側と人事面接を行うというものであった。最終的には、採用には国籍の変更が必要という問題で折り合えなかったのでお断りしたが、1週間の滞在費とポートモレスビー―ハリファックス間の往復の航空運賃はきちんと清算してくれた。もちろんこれは、大学が親切でやってくれたわけではなく、教員採用にそれだけ予算措置がなされているからこそできたことだろう。教育の質保証とは、金がかかるものである。

　筆者は、大学教育の質保証を重視するという立場にたっている。ただし残

念ながら、日本の大学は、そういった意識も業務もなかった時代にできた体制（人数・予算等）で現在も運営されているのが現実である。初等・中等教育で、新しく求められる教育の質に対応するための業務の増加に伴い、現場の教師の疲弊が進行しているのが問題になっている。筆者は、できるだけ負担増の少ない効率性の高い教育の質保証システムを追求したいという立場に立っているが、それでも業務量の増加は避け難い。また、現在の大学では、各学期15回の授業の確保に加え、各種ガイダンス、成績管理、多様な入学者選抜等を年間365日にはめ込むのは、そろそろ限界に来ており、業務の複線化なしには新たな任務には堪えられない状態に至っている。このような状況の中で教育の質保証を担保するには、大学の任務の複雑化傾向への歯止めと、業務量の増加に見合った人員配置や予算等の面での支援・充実が不可欠であることを訴えて、筆をおきたい。

　本書の執筆にあたって、日本規格協会からは、JIS Q 9001: 2015 の原文の転載を御快諾いただいた。もしこの許諾がなければ、本書を書くことはまったく不可能であった。心から感謝申し上げる。北崎洋司、米山兼二郎両氏には、上記の許諾取得を含め、ISO 9001 の規格の解釈と本書の内容についてさまざまな助言と支援をいただいた。近藤諭、神薗紀幸、蒲地賢一郎、米山兼二郎の各氏には、原稿の査読をしていただいた。もちろん、本書の内容に誤りがあれば著者の責任である。森実紀氏には、筆者のわがままな要求にこたえた可愛いイラストを描いていただいた。南日本新聞開発センターには、企画の段階から全面的にアドバイスをいただいた。同センターの助言等がなければ、この小著だけでなく、志學館大学出版会そのものが生まれなかったと思う。ご協力いただいたみなさまに感謝申し上げたい。

　最後に、筆者の大学教員生活の方向付けをして下さった、パプアニューギニア大学理学部のジョン・ペナタ元学部長（今でも彼の前に立つと、私がまるで大学院出たての教員のように直立不動になると、アジアの若手研究者がみな笑う）と、大学教育の質保証に取り組み、本書の内容に繋がる考え方を生み出し深化するのに、一緒に取り組んできてくれた志學館大学及び鹿児島大学水産学部の教職員のみなさんに感謝の気持ちを届けたい。

【引用・参考文献】
1) 日本規格協会 (2015). JIS Q 9001 (ISO 9001) 品質マネジメントシステム－要求事項. 日本規格協会, 東京, pp.44.
2) 中央教育審議会 (2008). 学士課程教育の構築に向けて（答申）. 文部科学省. 参照 2019.3.20. http://www.mext.go.jp/component/b_menu/shingi/toushin/__icsFiles/afieldfile/2008/12/26/1217067_001.pdf.
3) 文部科学省 (2001). 今後の高等教育改革の推進方策について (諮問)（平成 13 年 4 日 11 日）. 文部科学省. 参照 2019.3.20. http://www.mext.go.jp/b_menu/shingi/chukyo/chukyo0/toushin/attach/1399445.htm.
4) 中央教育審議会 (2005). 我が国の高等教育の将来像（答申）. 文部科学省. 参照 2019.3.20. http://www.mext.go.jp/b_menu/shingi/chukyo/chukyo0/toushin/05013101.htm.
5) 文部科学省 (2002). 学校教育法の一部を改正する法律案骨子. 文部科学省. 参照 2019.3.20. http://www.mext.go.jp/b_menu/shingi/chukyo/chukyo4/002/siryo/attach/1406962.htm
6) 文部科学省 (2012). 大学改革実行プラン～社会の変革のエンジンとなる大学づくり～. 文部科学省. 参照 2019.3.20. http://www.mext.go.jp/b_menu/houdou/24/06/__icsFiles/afieldfile/2012/06/05/1312798_01_3.pdf.
7) 中央教育審議会 (2012). 新たな未来を築くための大学教育の質的転換に向けて～生涯学び続け、主体的に考える力を育成する大学へ～（答申）. 文部科学省. 参照 2019.3.20. http://www.mext.go.jp/component/b_menu/shingi/toushin/__icsFiles/afieldfile/2012/10/04/1325048_1.pdf.
8) 中央教育審議会 (2014). 新しい時代にふさわしい高大接続の実現に向けた高等学校教育、大学教育、大学入学者選抜の一体的改革について～すべての若者が夢や目標を芽吹かせ、未来に花開かせるために～（答申）. 文部科学省. 参照 2019.3.20. http://www.mext.go.jp/b_menu/shingi/chukyo/chukyo0/toushin/__icsFiles/afieldfile/2015/01/14/1354191.pdf.
9) 中央教育審議会 (2018). 2040 年に向けた高等教育のグランドデザイン（答申）. 文部科学省. 参照 2019.3.20. http://www.mext.go.jp/component/b_menu/shingi/toushin/__icsFiles/afieldfile/2018/12/20/1411360_1_1_1.p

df.

10) 文部科学省 (2008). 学校教育法等の一部を改正する法律の施行に伴う関係政令等の整備について（通知）. 文部科学省. 参照 2019.3.20. http://www.mext.go.jp/a_menu/koutou/shoumei/08020613/001.htm

11) 文部科学省 (2016). 国立大学改革プラン. 文部科学省. 参照 2019.3.20. http://www.mext.go.jp/component/a_menu/education/detail/__icsFiles/afieldfile/2013/12/18/1341974_01.pdf

12) 松岡達郎 (2008). 教育・研究活動に関する点検評価と学部マネジメント. 研究開発評価シンポジウム－大学における研究のマネジメントと評価, 文部科学省科学技術・学術政策局, p.43-53.

13) 日本規格協会 (2015). JIS Q 9000 (ISO 9000) 品質マネジメントシステム－基本及び用語. 日本規格協会, 東京, pp.68.

14) 日本規格協会 (2018). JIS Q 9004 (ISO 9004) 品質マネジメント－組織の品質－持続的成功を達成するための指針, 日本規格協会, 東京, pp.66.

15) JICA Research Institute (2007). 参考資料3 PCMの考え方. JICA Research Institute. 参照 2019.4.20. https://www.jica.go.jp/jica-ri/IFIC_and_JBICI-Studies/jica-ri/publication/archives/jica/field/pdf/200712_aid_10.pdf

16) OECD (2007). DAC PRINCIPLES FOR EVALUATING DEVELOP-MENT ASSISTANCE. OECD. 参照 2019.4.20. https://www.oecd.org/dac/evaluation/49756382.pdf

17) 松岡達郎 (2008), 鹿児島大学水産学部における学務マネジメント. クオリティマネジメント 第59巻 第7号, p.66-71.

18) 文部科学省 (2019). 学校教育法. 電子政府の窓口. 参照 2019.4.20. http://elaws.e-gov.go.jp/search/elawsSearch/elaws_search/lsg0500/detail?lawId=322AC0000000026

19) 文部科学省 (2017). 学校教育法施行規則. 電子政府の窓口. 参照 2019.4.20. http://elaws.e-gov.go.jp/search/elawsSearch/elaws_search/lsg0500/detail?lawId=322M40000080011_20170401_999M40000080011&openerCode=1#1284

20) 文部科学省 (2018). 大学設置基準. 電子政府の窓口. 参照 2019.4.20. http://elaws.e-gov.go.jp/search/elawsSearch/elaws_search/lsg0500/detail?lawId=331M50000080028_20180629_430M60000080022&openerCode=1

21) 文部科学省 (2015). 学校教育法第百十条第二項に規定する基準を適用するに際して必要な細目を定める省令. 電子政府の窓口. 参照 2019.3.20. http://elaws.e-gov.go.jp/search/elawsSearch/elaws_search/lsg0500/detail?lawId=416M60000080007&openerCode=1

22) 大学改革支援・学位授与機構 (2018). 大学機関別認証評価 大学評価基準. 大学改革支援・学位授与機構. 参照 2019.4.20. https://www.niad.ac.jp/media/006/201806/no6_1_1_daigakukijun31.pdf

23) 日本高等教育評価機構 (2017). 大学機関別認証評価 評価基準. 日本高等教育評価機構. 参照 2019.4.20. http://www.jihee.or.jp/achievement/college/pdf/hyokakijun1704.pdf

24) 文部科学省 (2018). 国立大学法人法. 文部科学省. 参照 2019.3.20. http://www.mext.go.jp/b_menu/houan/an/detail/1384226.htm

25) 国立大学協会 (2015). 国立大学の将来ビジョンに関するアクションプラン. 国立大学協会. 参照 2019.4.20. https://www.janu.jp/news/files/20150914-wnew-actionplan1.pdf

26) 厚生労働省 (2017). 労働安全衛生法. 電子政府の窓口. 参照 2019.3.20. https://elaws.e-gov.go.jp/search/elawsSearch/elaws_search/lsg0500/detail?lawId=347AC0000000057#1030

27) 文部科学省 (2009). 教育関係共同利用拠点制度について. 文部科学省. 参照 2019.4.20. http://www.mext.go.jp/b_menu/shingi/chukyo/chukyo4/siryo/attach/1287149.htm

28) 中央教育審議会 (2002). 大学の質の保証に係る新たなシステムの構築について（答申）. 文部科学省. 参照 2019.3.20. http://www.mext.go.jp/b_menu/shingi/chukyo/chukyo0/toushin/020801.htm.

29) 大学審議会 (1998). 21世紀の大学像と今後の改革方策について ―競争的環境の中で個性が輝く大学―（答申）. 文部科学省. 参照 2019.4.27.

http://www.mext.go.jp/b_menu/shingi/old_chukyo/old_daigaku_index/toushin/1315932.htm

30) 大学審議会 (2000). グローバル化時代に求められる高等教育の在り方について（答申）. 文部科学省. 参照 2019.4.27. http://www.mext.go.jp/b_menu/shingi/old_chukyo/old_daigaku_index/toushin/1315960.htm

31) 中央教育審議会大学分科会 (2016). 認証評価制度の充実に向けて（審議まとめ）. 文部科学省. 参照 2019.3.20. http://www.mext.go.jp/b_menu/shingi/chukyo/chukyo4/houkoku/__icsFiles/afieldfile/2016/03/25/1368868_01.pdf

32) 文部科学省 (2017). 認証評価関係基礎資料. 文部科学省. 参照 2019.4.27. http://www.mext.go.jp/b_menu/shingi/chukyo/chukyo4/043/siryo/__icsFiles/afieldfile/2017/08/14/1393770_1.pdf

33) 大学改革支援・学位授与機構 (2017). 大学機関別認証評価 大学評価基準. 大学改革支援・学位授与機構. 参照 2019.4.27. http://www.niad.ac.jp/n_hyouka/daigaku/__icsFiles/afieldfile/2017/05/17/no6_1_1_daigaku2kijun30.pdf

34) 大学基準協会 (2011). 大学機関別認証評価 評価基準. 大学基準協会. 参照 2019.4.20. https://www.juaa.or.jp/images/accreditation/pdf/e_standard/university/u_standard.pdf

35) マーチン・トロウ；天野郁夫・喜多村和之訳 (1976). 高学歴社会の大学－エリートからマスへ－. 東京大学出版会，東京，pp.204.

36) United Nations (1992). Agenda 21. United Nations. 参照 2019.4.27. https://sustainabledevelopment.un.org/content/documents/Agenda21.pdf

37) 文部科学省 (2013). 持続可能な開発のための教育（ESD: Education for Sustainable Development）. 文部科学省. 参照 2019.3.20. http://www.mext.go.jp/unesco/004/1339957.htm

38) 文部科学省 (2007). 教育基本法. 電子政府の窓口. 参照 2019.3.20. http://elaws.e-gov.go.jp/search/elawsSearch/elaws_search/lsg0500/detail?lawId=418AC0000000120#77

付録

大学教育の質保証のための規範(私案)

第1章 総 論

(趣 旨)

第1条 この規範(私案)は、品質保証の国際規格である ISO 9001 を基に、大学の教育の質保証システムに必要な要求事項を明確にし、内部質保証に必要な枠組みを提案するものである。

(品質マネジメントの原則)

第2条 教育の質保証のために、ISO 9001 が提唱する「品質マネジメントの原則」を採用することが望ましい。原則とは、大学に適用した場合、以下に掲げる各号をいう。
(1) 学生重視
(2) 学長等のリーダーシップ
(3) 教職員の積極的参加
(4) プロセスアプローチ
(5) 継続的改善
(6) 客観的事実に基づく意思決定
(7) 利害関係者及び社会との連携関係等のマネジメント
  注 学長等とは、学長又は学長を中心とする大学の運営組織を指す。
2 利害関係者の様々なニーズ及び期待を満たすため、「学生重視」及び「利害関係者及び社会との連携等のマネジメント」を重視することが望ましい。

(PDCA)

第3条 教育の質保証及び内部質保証のために、PDCA サイクルによるマネジメントは不可欠である。PDCA サイクルは、学長等の責務とコミットメントによって示される大学の意思の下でのマネジメントシステムとして機能させることが重要である。教育の質保証及び内部質保証における PDCA サイクルは、以下のように説明できる。
(1) Plan : 目標を設定し、学生要求事項及び大学の方針に沿った結果を出

すために必要な資源を用意し、リスク及び機会を特定し、それらに取り組む計画を策定する。
(2) Do： 計画されたことを実行する。
(3) Check： 方針、目標、要求事項及び計画した活動に照らして、学務の各プロセス及び教育プログラムの提供をモニタリングし、分析する。
(4) Act： 必要に応じて、パフォーマンスを改善するための処置をとる。

第2章　大学のガバナンス

（学長等のリーダーシップ）
第4条　大学は、学長等のリーダーシップにより、大学の質保証のための組織及び制度を整備し、責任体制を確立し、それらの下で教育の質保証に取り組まなければならない。

（組織の意思）
第5条　大学は、建学の精神・基本理念等を踏まえ、その目的、使命及び教育プログラムごとの教育上の目的を定め、これらを構成員に伝達し、社会に公表しなければならない。
2　大学は、そのビジョン及び価値観を明確にし、一貫性のある文化を形成することが望ましい。
3　卒業認定・学位授与の方針（以下「学位授与の方針」という。）、教育課程の編成・実施の方針（以下「教育課程編成の方針」という。）及び入学者受入れの方針は、大学の使命及び教育上の目的から一貫性のあるものとしなければならない。

　注1　大学の目的及び教育研究上の目的の策定は、ともに学校教育法施行規則に定められた大学の義務である。
　注2　ビジョンとは、組織がどのようになりたいのかについての望み、価値観とは、使命・ビジョンの下で何が組織にとって重要かを明確にする原則及び／又は思考パターン、文化とは、組織内の信念、歴史、倫理、行動及び態度のことである。

(学長等の責務)
第6条　学長等は、以下に掲げる事項を実施する責務を有する。
 (1) 学生重視に必要な取組みを定める。
 (2) 教育の質保証制度の有効性に関する説明責任 (accountability) を負う。
 (3) 教育上の目的を確立する。
 (4) リスクに基づく考え方を促進する。
 (5) 教育の質保証システムが有効であることの意義及び当該システムで定めた事項に適合することの重要性を周知する。
 (6) 教育の質保証システムの実質化に教職員を積極的に参加させる。
 (7) 改善を促進する。
 (8) 管理層がその所掌領域でリーダーシップを発揮できるよう基盤を整える。
 (9) 教育の質保証システムのレビューを行う。

(学長等のコミットメント)
第7条　学長等は、以下に掲げる事項について、リーダーシップを発揮し、コミットメントしなければならない。
 (1) 教育上の目的及び学位授与の方針と大学の状況及び戦略的な方向性の一貫性を確保する。
 (2) 学務プロセスに教育の質保証システムの要求事項を一致させる。
 (3) 教育の質保証システムに必要な資源を確保し、適切に配分する。
 (4) 責任及び権限を割当て、大学内に理解させるとともに、教職員間の協働を促進する。
 (5) 教育の質保証システムがその意図した結果を達成する。

(学生及び利害関係者等との約束の重視)
第8条　大学が提供する教育の質は、学生及び利害関係者のニーズ及び期待並びに教育に適用される法令等を満たすものでなければならない。このために、大学は、学生、受験生その他の利害関係者及び社会に対し主張し、表明した約束は、すべて実施しなければならない。さらに、彼らのニーズ及び期待を超えるよう努めることが望ましい。

2　大学は、学生満足の向上を重視しなければならない。このために、教育プログラムの適合及び学生満足を向上させる大学の能力に影響を与え得るリスク及び機会を把握し、それらに取り組まなければならない。

　　注　学生満足とは、学生に対して主張し、表明した事項を満たすことを指す。

3　前2項のために、大学は、以下に掲げる事項を行うことが望ましい。
　(1)　学生及び就職先企業等を大学から価値を受け取る者として認識する。
　(2)　学生の現在及び将来のニーズ及び期待を理解する。
　(3)　大学の目標を学生のニーズ及び期待に関連付ける。
　(4)　学生のニーズ及び期待を大学全体に周知し、共有する。
　(5)　学生のニーズ及び期待を満たす教育プログラムを計画し、教育課程を編成・実施し、学生を支援する。
　(6)　学生満足度をモニタリングし、必要な場合、適切な処置をとる。
　(7)　利害関係者のニーズ及び期待を明確にし、必要な場合、適切な処置をとる。

（教育上の目的）
第9条　教育上の目的は、以下に掲げる事項を満たさなければならない。
　(1)　建学の精神、基本理念、大学の目的等及び状況に対して適切である。
　(2)　学位授与の方針を一貫性をもって設定するのための枠組みとなる。
　(3)　大学内で周知され、適用される。
　(4)　社会に広く公表される。

（大学教育をめぐる状況の明確化及びリスクと機会の把握）
第10条　大学は、その教育上の目的及び戦略的な方向性に関係し、かつ教育の質保証システムの意図するところを達成する大学の能力に影響を与え得る、利害関係者のニーズと期待の変化を含む内部及び外部の課題を明確にしなければならない。

　　注1　内部及び外部の課題には、検討の対象となる、好ましい要因又は状態及び好ましくない要因又は状態が含まれ得る。
　　注2　内部の状況の把握のためには、大学が教育のために保持している

知識、教育の質保証に係る諸課題、大学運営の諸制度、教育の成果、大学が行っている研究活動、社会貢献、国際連携活動等の点検が考えられる。

注3　外部の状況の把握のためには、学校教育法、大学設置基準等の改正、文部科学省（以下「文科省」という。）の高等教育政策の動向、中央教育審議会（以下「中教審」という。）答申に現れる大学教育の将来像と高校教育の動向等の検討が考えられる。

また、18歳人口の動態、産業構造及び人材ニーズの動向、専攻分野の学術の進歩・変化、他大学の動向等の検討が考えられる。

さらに、学生、学費支弁者、就職先企業、産業界、地域社会からの意見等の情報収集と検討が考えられる。

2　大学は、内部及び外部の課題並びに学生等に関連する要求事項及び適用される法令・規制要求事項から判断される、取り組む必要があるリスク及び機会を踏まえて、教育の質保証システムを計画しなければならない。

（教職員の力量及びその向上並びに責任・権限及び協働）

第11条　大学は、教育の質保証システムの効果的な実施並びに教育課程の実施及び管理のために必要な教職員等を明確にし、確保しなければならない。

注　教職員等には、教育の質保証システムの成果と有効性に影響を与える業務を行うという点から、ティーチングアシスタント(TA)等の授業等の補助にあたる者も含まれる。

2　大学は、教職員の力量に関して、以下に掲げる事項を実施しなければならない。

(1) 教育の質保証システムの機能性及び有効性に影響を与える業務を行う教職員等に必要な資格・力量を明確にする。

(2) 業績・経験及びファカルティディベロップメント、スタッフディベロップメント活動により、教職員の力量の実質化と向上を図る。

(3) 必要な場合、研修等に参加させるなど、求められる力量を身に付けるための処置をとる。

注　ファカルティディベロップメント、スタッフディベロップメントは、ともに大学設置基準に定められた大学の義務である。
3　大学は、教育プログラムの提供及び教育の質保証システムに関する責任及び権限を適切に割り当て、学内に伝達し、理解させなければならない。
4　大学は、教育の質保証システムに関連する教職員間の情報交換、意思疎通及び協働を促進しなければならない。
注　教職員間の役割分担、連携体制及び協働（教職協働）に留意することは、大学設置基準に定められた大学の義務である。

（周　知）
第12条　大学は、以下に掲げる事項を教職員等に周知しなければならない。
(1) 建学の精神、基本理念又は憲章、大学の目的、大学の使命又は教育上の目的及び学位授与の方針
(2) 教育の質保証活動によって得られる便益及び教育の質保証システムの有効性に貢献することの必要性
(3) 教育の質保証システムの要求事項に適合しないことの意味

（大学が保持するべき知識）
第13条　大学は、教育プログラムの運用及びその適合を達成するために必要な知識を明確にし、共有し、利用できる状態にしなければならない。
注1　大学の知識は、以下に掲げる事項に基づいたものであり得る。
1) 内部の知識源（例えば、大学が設置している専攻分野に関する専門的知識、大学運営に必要な知識、学則以下の規則類、特に履修規則やシラバス作成要領等を含む学務関係の規則類、IR活動の結果等）
2) 外部の知識源（例えば、学校教育法、同施行規則、大学設置基準、高等教育制度に関する各種の提言、中教審答申、各種外部研修会の内容等）
注2　利用可能にし、共有する方法には、例えば、ホームページの学内専用ページやイントラネットへの掲載がある。

（教育・学習のための施設・設備）
第14条　大学は、教育プログラムの提供及び学生の学習に必要な施設・設

備並びに教育プログラムの適合を達成するために必要な施設・設備を備えなければならない。
2　大学は、学生数を考慮し、学生への便益を最大かつ公平にし、また多様な学生の便益を向上するために、施設・設備の合理的な利用を図らなければならない。
　　注　大学が整備すべき最低限の施設・設備は、国による教育の質保証制度の一つである大学設置基準に定められている。

（教育・学習のための環境）
第 15 条　大学は、教育プログラムの提供及び学生の学修並びに教育プログラムの適合を達成するために必要な環境を備えなければならない。
　　注 1　適切な環境は、以下に掲げるような要因の組合せであり得る。
　　　1) 社会的要因（例えば、非差別的、ハラスメント防止、平穏、非対立的)
　　　2) 心理的要因（例えば、ストレス軽減、心のケア）
　　　3) 物理的要因（例えば、気温、熱、湿度、光、気流、衛生状態、騒音、廃液・排水、核物質の適切な管理）
　　注 2　必要な環境には、バリアフリーや大規模災害時の危機対応体制の整備も含まれ得る。

（学生への支援）
第 16 条　大学は、その教育の長期性に鑑み、学生に対し、不足している学力の強化、経済的困窮への対処、心のケア等の点で、修学支援を行わなければならない。

第3章　入学者選抜及び卒業認定

（入学者の選抜）
第 17 条　入学者の選抜は、入学者受入れの方針を定め、それに基づき公正かつ妥当な方法により行うものとする。
　　注　入学者受入れの方針（卒業の認定に関する方針）の策定は、学校教育法施行規則に定められた大学の義務である。

2 入学者選抜の方針は、学位授与の方針と関連付けられていることが望ましい。
3 入学者選抜の方針及び選抜の方法は、当該教育プログラムとともに、高等学校、高校生、受験生その他の利害関係者に対して、正確にかつ十分に説明されなければならない。

（卒業の認定）
第18条 卒業の認定は、第20条の学位授与の方針を定めかつ公表し、履修登録単位数上限(CAP)制、卒業認定の基準等を定め、これらを適切に運用するための教育プログラムの管理制度の下で行うものとする。
2 卒業の認定が予定される学生に対しては、卒業後の進路について十分な指導と支援が行われなければならない。
3 学位授与の方針及び当該教育プログラムは、学生が就職する可能性がある企業、産業界及びその他の利害関係者に対して、正確にかつ十分に説明されなければならない。

第4章 教育プログラムの計画： PLAN

（教育プログラム）
第19条 教育プログラムは、その提供に関する要求事項を満たし、かつ教育の質保証システムで決定した取組みを実施するために、以下に掲げる事項を含むように計画しなければならない。
 (1) 教育プログラムに関する要求事項の明確化
 (2) 教育プログラムの要求事項を満たすために必要な資源の明確化
 (3) 教育プログラムの適否判定に関する判定基準の設定
 (4) 前号の基準に従った、必要な業務の管理の明確化
2 教育プログラムの編成にあたって、次の事項を検討することが望ましい。
 (1) 学生、利害関係者、社会のニーズと期待に基づく、学部・学科の枠を越えた教育プログラムの必要性
 (2) 教養教育の充実の必要性

(学位授与の方針)
第 20 条　学位授与の方針は、教育の質保証システムの下で、以下に掲げる事項を満たすように策定しなければならない。
(1) 教育上の目的と整合している。
(2) 適用される要求事項を考慮に入れている。
(3) 教育プログラムの適合及び学生満足の向上に関連している。
(4) 測定可能である。
(5) モニタリングする。
(6) 大学内外に伝達する。
　　注　学位授与の方針(卒業の認定に関する方針)の策定は、学校教育法施行規則に定められた大学の義務である。

(教育課程編成の方針)
第 21 条　教育の質保証システムでは、教育課程編成の方針を、前条の学位授与の方針と整合するように策定しなければならない。
　　注 1　教育課程編成の方針の策定は、学校教育法施行規則及び大学設置基準に定められた大学の義務である。
　　注 2　教育課程編成の方針を学位授与の方針との一貫性の確保に意を用いて策定することは、学校教育法施行規則に定められた大学の努力義務である。

(教育課程の体系的な編成)
第 22 条　教育課程の体系的な編成には、教育上の目的、学位授与の方針、教育課程編成の方針及び教育課程の内容の一貫性及び整合性が担保され、理解しやすい手法を採用することが望ましい。
　　注 1　教育課程の体系的な編成は、大学設置基準に定められた大学の義務である。
　　注 2　このための手法の例として、例えば PDM 法などがある。

(教育課程の編成と学生・利害関係者の期待)
第 23 条　教育課程の編成には、学生及び利害関係者の期待を反映させるために、以下に掲げる事項を検討しなければならない。

(1) 教育課程の編成への学生及び利害関係者の参画の必要性
　(2) 学生及び利害関係者が期待する、教育課程の編成の管理の程度

（教育課程の編成で検討すべき事項）
第24条　教育課程の編成には、以下に掲げる事項を検討しなければならない。
　(1) 教育課程が持つ機能及び学生が獲得できる成果・能力等
　(2) 以前の教育課程の点検結果から得られた情報
　(3) 関係法令や上位機関から求められる事項
　(4) 大学が適用することを定めている外部の標準又は規範
　(5) 教育課程の性質に起因する失敗により起こり得るリスク

（教育課程の特性の明確化）
第25条　教育課程は、以下に掲げる事項を満たさなければならない。
　(1) 以下に掲げる事項を含む、教育課程の要求事項が明確にされている。
　　(ｱ) 適用される法令・規制要求事項
　　(ｲ) 大学が必要とみなす事項
　(2) 大学が、教育課程に関して主張していることを満たすことができる。
2　教育課程を通じた学習成果を向上し、定着させるための、学生の能動的な学習を含む教え方について、明確化しなければならない。
3　教育課程は、大学が持つ能力が当該教育課程に関する要求事項を満たせるものでなければならない。

（教育課程の組織的編成）
第26条　教育課程は、組織的に編成し、以下に掲げる事項を確実にしなければならない。
　(1) 達成すべき結果を定める。
　(2) 編成された教育課程の、前号に定める達成すべき結果を満たす能力を評価するために、レビューを行う。
　(3) 編成された教育課程が、計画された要求事項を満たすように検証する。
　(4) 編成された教育課程が、教育プログラムの意図を満たすように妥当性を確認する。

(5) 前3号のレビュー、検証及び妥当性確認中に明確になった問題点に対して必要な処置をとる。
　注　第1号から第4号を満たすために、以下に掲げる事項を考慮しなければならない。
　　1) 学生及び近年の卒業生のニーズに関する情報（卒業後の活動に関連する意見を含む）とその分析結果から得た判断
　　2) 教育課程から得ることが必須と考えられる知識・技能等に関する教職員の専門的知識に基づく判断
　　3) 教育上の目的、学位授与の方針、教育課程編成の方針等で大学が自ら定めて公表した教育プログラムに関する約束
　　4) 教育プログラム及び学生が取得できる資格に関係する法令等及び文科省その他の関連機関からの通達等

（編成された教育課程の要件）
第27条　編成された教育課程は、以下に掲げる事項を満たさなければならない。
(1) 第25条第1項に定める特性を満たす。
(2) 教育課程編成後の授業の実施等の活動に対して適切である。
(3) 必要に応じて、実施時のモニタリングの要求事項及び教育プログラムの適否の判定基準が示されている。
(4) 意図した教育上の目的並びに進級・卒業等に至る適切な履修法及び教育法に不可欠な教育課程の特性を規定している。

（教育課程の編成及び変更の管理）
第28条　教育課程編成の間又はそれ以降に行われた変更は、要求事項への適合に悪影響を及ぼさないことを確実にするために必要な程度まで、管理しなければならない。また、教育課程の編成又は変更がもたらす悪影響を防止するための処置をとらなければならない。
2　編成又は変更された教育課程は、その公表及び実施の前に、教育プログラムの意図を満たしていることを検証しなければならない。
3　検証が問題なく完了するまでは、編成又は変更された教育課程は、公表

及び実施してはならない。

第5章　教育プログラムの提供：DO

(教育プログラム提供の管理)

第29条　教育プログラムは、管理された状態で提供しなければならない。管理された状態には、以下に掲げる事項が含まれる。

(1) 以下に掲げる事項を定めた履修要項及びその他の資料等を利用できるようにする。

　(ｱ) 教育プログラムが達成すべき結果（学位授与の方針等）

　(ｲ) 教育プログラムを構成する授業科目とそれらの特性

(2) 必要な資格及び力量を備えた教職員等を配置する。

(3) 教育プログラムの提供にとって適切な施設・設備及び環境を提供する。

(4) 教職員から学生への説明、履修登録・管理、卒業判定等の段階の業務を確実化する。

(5) 教育課程実施のモニタリングを制度化し、実施する。

(6) 教育プログラムが計画した学修成果が得られているかをレビュー及び評価する。

(7) 教育プログラム及びその教育活動の適否の判定基準を満たしていることを検証するために、卒業生ほかの利害関係者による評価を実施する。

(学生への説明)

第30条　前条に定める教育プログラム提供の管理方式は、学生が十分に理解できるよう、学生の在学中を通じて丁寧に説明しなければならない。

　　注　特に説明が必要なものとして、卒業要件、履修登録制度の詳細、単位の実質化のための授業前後の学習、CAP制等が考えられる。

(個々の授業科目の教育)

第31条　個々の授業科目の授業は、第6章の定めるところに従い実施しなければならない。

(外部組織と連携した教育)

第32条　外部の組織や人（以下「外部連携組織等」という。）から提供さ

れる教育活動は、それが大学の教育プログラムの一部と見なされる場合は、大学の教育の質保証システムに適合していなければならない。

 注 外部連携組織等から提供される教育活動には、国内又は外国の大学等と連携した単位互換やダブルディグリー、インターンシップ、外部の機関への実習等の委託等が考えられる。非常勤講師への授業の委嘱も、これに準じることが望ましい。

2 外部連携組織等が、大学の教育の質保証システムに従って教育活動又は教育プログラムを提供する能力を持つことを、外部連携組織等の機能性のモニタリング及び評価を行うことで確認しなければならない。

3 外部連携組織が大学等である場合、当該大学等と協議し、以下に掲げる事項に関する要求事項について、互いの教育の質保証システムに悪影響を及ぼさないように合意することが望ましい。

(1) 提供される教育活動の内容等
(2) 担当教員等が有すべき資格及び力量等
(3) 大学と外部連携組織等との相互作用
(4) 相互に適用するモニタリング
(5) 相互に適用する検証又は妥当性確認のための活動

（履修及び成績等の記録の管理）

第33条 個々の学生の学修及びその成果は、記録、管理、保持しなければならない。

 注 該当する記録には、例えば、履修登録、成績、進級判定結果、卒業判定結果等がある。

（教育プログラム提供に関する不適合及びその是正等）

第34条 教育プログラムの提供で不適合が発生した場合は、その不適合をレビュー及び分析し、原因の除去を図り、その不適合の再発及び他のところでの発生を予防しなければならない。

 注1 教育プログラムの提供で生じる不適合とは、学生に提供すると約束又は公表した教育プログラムが、そのように提供できなかった場合や約束された「伸び」が得られない場合などである。

注2　不適合に至ったかもしれないと判断されるインシデントに遭遇した場合は、上記と同様の処置を採ることが望ましい。
2　教育プログラムの提供で生じた不適合には、不適合の性質及びそれが教育プログラムの適合に与える影響の検討に基づいて、適切な処置をとらなければならない。
　　注1　処置には、例えば、計画どおりに開講できなかった授業科目の開講や不足と判明した授業科目の開設、実施等が考えられる。計画された学生の学修成果が得られなかった場合は、教育課程及び教育方法をレビューし改編又は変更を検討することなどが考えられる。
　　注2　教育プログラムの提供で生じた不適合の場合、4年間の学修の修了後には、是正が困難であることを認識しなければならない。

第6章　個々の授業科目の教育

(授業科目の授業の管理)
第35条　授業科目の授業は、管理された状態で計画、実施及びモニタリングし、必要な場合、改善しなければならない。

(授業科目の計画（シラバス）：　Sub-Plan)
第36条　シラバスは、授業科目の実施に係る大学と学生の間の契約書であることを認識しなければならない。シラバスの作成には、以下に掲げる事項を確実にしなければならない。
(1) 第26条により編成された教育課程で与えられた要件を満たす。
(2) 授業科目の目的、達成目標、教育プログラムの中での役割並びに進級及び卒業に至る適切な履修法及び教育法に不可欠な授業科目の特性を規定している。
(3) 授業や連携機関から得る教育の実施に必要な、教え方を含む情報を与えている。
(4) 授業アンケート等の結果を参考にした改善が図られている。

(シラバス作成の手順)
第37条　シラバス作成は、以下に掲げる手順に従うものとする。

(1) 授業科目の内容は、第26条により編成された教育課程が定めたものとする。
(2) 授業科目の担当教員（以下「担当教員」という。）は、定められたシラバス作成要領に従ってシラバスを作成する。
(3) 担当教員は、作成したシラバスについて、適用される法令等を明確にし、レビュー、検証、妥当性確認を行った上で、シラバス点検を担当する組織（以下「点検組織」という。）に提出する。
(4) 点検組織は、提出されたシラバスについて、授業目標、内容、合格基準等について検証する。
(5) 点検組織は、提出されたシラバスに改善が必要と判断した場合は、担当教員に修正を求める。不具合等がなければシラバスを承認する。
　注　例えば、レビュー事項としては、授業アンケートで学生の評価が低かった項目への対応度のチェック、検証事項としては、大学が定めている要求事項や法令等による要求事項を満たしているかの判断、妥当性確認事項としては、内容が最新の学問動向に合致しているか、学生や社会のニーズや期待に対応しているか等についての総合的な判断が考えられる。
2　シラバスは、前項第5号の承認が得られるまでは、公表し及び授業に用いてはならない。

（授業科目の実施： Sub-Do）
第38条　授業は、管理された状態で実施しなければならない。管理された状態には、以下に掲げる事項が含まれる。
(1) シラバスに基づいて実施する。
(2) 授業科目に必要な資格及び力量を備えた教員並びに、必要な場合、支援要員を配置する。
(3) 授業科目に適切な施設・設備（教室等）や機材の提供及び学習環境の管理を行う。
(4) 履修ミス等を防止するため、授業科目に関する履修条件や卒業要件との関連等を学生に正確に説明する。

注　学生への説明には、オフィスアワーの設定と運用及び授業前後の学習の指導（課題提供等）を含む。
(5) 授業実施のモニタリングを制度化し、実施する。
(6) 授業が定められた適否判定基準を満たしていることを検証するために、学生によるモニタリングを実施する。
(7) 授業科目が計画した学修成果が得られているかをレビュー及び点検・評価する。
　　　注　必要な資格とは、大学が教員資格審査基準等に定めた教員資格、授業科目の性格により法的に定められた資格及び実務経験等があり得る。

(学生の所有物)
第39条　学生の所有物は、それが大学の管理下にある間又は大学がそれを使用している間は、注意を払い、識別及び保護しなければならない。学生の所有物を紛失又は毀損した場合には、その旨を学生に知らせなければならない。
　　　注　学生の所有物には、授業実施の際に持参させた学生によるレポート、書籍、パソコンや知的財産、個人情報等が含まれ得る。

(試験と成績評価基準)
第40条　授業科目による学修成果を評価できる制度を実質化するために、成績評価基準を定めかつ明示するとともに、それを授業科目に適用する方法をシラバスに明示しなければならない。
　　　注　成績評価基準の明示は、大学設置基準に定められた大学の義務である。

(授業のモニタリング：　Sub-Check)
第41条　授業のモニタリングの制度は、学生による授業評価の実施と分析及びそれに基づく個々の授業科目の自己点検・評価のための資料の提供並びに授業実施の自己モニタリングや教員相互のピアレビュー等を含むことが望ましい。
　　　注　授業のモニタリングの対象としては、15回の授業の実施、シラバス

に従った授業実施、active learning の取り入れ、授業前後の学習課題の指示、授業内容と試験の整合性、成績評価基準の適切な適用、授業科目の目標の達成度等が考えられる。

(不適合な授業の処置等： Sub-Act)
第42条　第38条の要求事項に適合しない授業は、識別し、管理しなければならない。不適合な授業は、不適合の性質及びそれが授業科目の適合に与える影響の検討に基づいて、適切に処置しなければならない。これらは、授業科目の実施中又は実施後に検出された不適合の両者に適用される。

　注1　授業の不適合には、以下に掲げるようなものがあり得る。
　　1) 教員関係： 適格性・力量が不十分な者による授業があった。
　　2) 施設・設備、環境等： 授業目的に適した教室が使用できなかった。授業時に、設備、機器等が破損・故障していた。授業中に職員又は学生に事故が発生した。
　　3) 授業実施関係： シラバスに示された内容の授業が実施されなかった。定められた回数の授業が実施されなかった。成績判定基準が定められていない、又は正しく適用されなかった。
　　4) 授業に関する規則関係： 授業前後の適切な学習指導（課題提供等）が行われなかった。オフィスアワーが実質化されていなかった。授業アンケート等が実施されなかった。
　　5) その他： 授業の内容・方法に関する学生からの苦情があった。
　注2　関連分野での学問的発展、法令等の改正、社会的に重要な突発的な事件等を承けた授業内容の適切な差替えは、不適合ではない。

(不適合な授業の是正と再発防止等)
第43条　前条の処置は、以下に掲げる事項の検討に基づかなければならない。
　　(1) 不適合のレビューと分析
　　(2) 原因の除去
　　(3) 不適合の再発又は他のところでの発生の予防
2　授業科目の不適合の場合、授業の完了後の是正は困難であることを認識

し、授業の適切な実施を推進し、確実な制度を構築することが望ましい。

（授業科目実施の結果の識別及びトレーサビリティ）
第44条　教育プログラムの適合を確実にするために必要な場合、授業科目実施の結果は、適切な手段を用いて識別しなければならない。
2　前項の場合、授業科目及び履修学生まで識別できるトレーサビリティを可能とする履修記録等を保持しなければならない。

第7章　学務の自己点検・評価：CHECK

（学務のモニタリング）
第45条　学務のモニタリングは、教育の質保証システムの成果及び有効性を点検・評価するために適切なデータ及び情報を分析しなければならない。分析は、以下に掲げる事項を評価できるものでなければならない。
(1) 教育プログラムの適合度
(2) 学生満足の程度
(3) 教育プログラムの計画が効果的に実施された程度
(4) リスク及び機会への取組みの有効性
(5) 外部連携組織による教育の成果
(6) 教育の質保証システムの改善の必要性
　　注　学務のプロセスごとのモニタリングの内容と改善の要否の判断基準には、例えば、以下に掲げるものが考えられる。
　　1)【学務計画プロセス】　教育課程の編成：学位授与の方針に対して適切である。
　　　資源の提供：適切な教職員が配置されている。適切な施設・設備が提供されている。
　　2)【教育提供プロセス】　履修指導及び登録：学生に、履修に関する必要な説明とアドバイスがなされている。
　　　シラバスの作成：定められた手順に従い作成されている。
　　　授業のモニタリング：授業の適合・不適合が判断されている。
　　　授業アンケート：学生による評価に適した内容で実施されている。

不適合の是正と改善： 是正・改善処置がなされている。
　　成績・履修管理： 履修及び成績が正確に記録されている。
 3) 【教育点検プロセス】 卒業生・就職先企業アンケート： ニーズ及び期待の調査と分析が実施されている。
 4) 【学務改善プロセス】 教育課程の改訂： 必要な時期に検討又は実施されている。
　　資源提供の改善： 必要な時期に検討又は実施されている。
　　関係規則等の改正： 必要な時期に検討又は実施されている。

(学生等の受け止め方の調査)
第46条　学生、卒業生及び卒業生の就職先企業のニーズ及び期待の満たされている程度について、どのように受け止められているかをモニタリングしなければならない。
　注　調査の対象と内容には、以下に掲げるものの受け止め方が考えられる。近年の卒業生の受け止め方のモニタリングは特に重要である。
 1) 在学中の学生： 授業の確実性
 2) 卒業時の学生： 教育プログラムの実施の確実性
 3) 卒業生： 大学で受けた教育の有効性
 4) 卒業生の就職先企業： 被採用者が大学で受けた教育の有効性

(教育プログラムの機能性及び有効性並びに学修成果のモニタリング)
第47条　教育プログラムの機能性及び有効性並びに学生の学修成果を、モニタリングしなければならない。
　注　教育プログラムのモニタリング対象としては、以下に掲げる事項が考えられる。
 1) 教育プログラムの機能性及び有効性： 入学者選抜の状況、修業年限期間内に卒業する学生の割合、留年率、中途退学率、教員一人あたりの学生数、授業の方法や内容・授業計画（シラバスの内容）、FD・SDの実施状況等
 2) 学修成果・教育成果： 学生の単位の取得状況、学位の取得状況、進路の決定状況等の卒業後の状況（進学率や就職率等）、学生の授

業以外での学習時間、学生の成長実感・満足度、学生の学修に対する意欲

（教育プログラムの自己点検又は内部監査）

第 48 条　教育プログラムの自己点検には、資料・書面によるもののほか、内部監査、教職員全員参加による討論等の多様な方法を採ることが望ましい。

　　注　教職員全員参加による討論は PCM workshop 等があり得る。

（Institutional Research： IR）

第 49 条　内部及び外部の課題に関する情報のモニタリング及びレビュー並びに情報収集活動から得たデータ及び情報の分析のために、IR を実施しなければならない。分析の結果は、以下に掲げる事項を評価するために用いられなければならない。

(1) 教育プログラムの教育の質保証制度への適合
(2) 教育プログラムの計画の効果的な実施
(3) 学生、卒業生及び就職先企業の満足度
(4) 教育プログラムの不適合と不具合の悪影響の評価と改善処置
(5) 外部組織等との連携の成果
(6) 大学の運営及び教育の質保証システムに影響を与える可能性があるその他の内部及び外部の状況
(7) 可能な場合、教育の質保証システムの有効性及び成果

　　注 1　教育の質保証システムの改善の必要性は、これらの分析及び評価の結果から得られる。

　　注 2　その他の内部及び外部の状況には、大学に関連した法令等の改廃、新しい中教審答申等の情報及び大学がそれらを満たしているかの分析、他大学等での似通った専攻での教育の動向、教職員の力量と配置に関する点検、苦情相談や事故及びそれらの是正や予防処置の立案等の記録の分析・評価、高校教育や地域の産業動向、資格取得と求人（地域での人材ニーズ）等に関する調査が含まれ得る。

(学長等による教育の質保証制度のレビュー)
第50条　学長等は、教育の質保証システムを適切、妥当かつ有効で、大学の戦略的な方向性と一致しているものにするために、それをレビューしなければならない。レビューは定例及び必要な場合に実施するものとする。
2　レビューは、以下に掲げる事項を考慮して実施しなければならない。
　(1) 前回までのレビューの結果とった処置の状況
　(2) 教育の質保証システムに関連する内部及び外部の課題の変化
　(3) 以下に掲げる傾向を含めた、教育の質保証システムの機能性及び有効性に関する情報
　　(ｱ) 学生及び利害関係者からのフィードバック
　　(ｲ) 教育上の目的が満たされている程度
　　(ｳ) 教育実施プロセスの機能性及び教育プログラムの適合
　　(ｴ) 不適合及び是正処置
　　(ｵ) モニタリングの結果
　　(ｶ) 自己点検の結果
　　(ｷ) 外部組織との連携の成果
　(4) 資源の妥当性
　(5) リスク及び機会への取組みの有効性
　(6) 改善の機会
　　注　建学の精神、憲章、基本理念や教育上の目的、学位授与の方針等は定例のレビューにはなじまないため、レビューの基盤として利用することが望ましい。

第8章　教育の質の改善：ACT

(改　善)
第51条　大学は、学生要求事項を満たし、学生満足を向上させるために、以下の事項の改善に取り組まなければならない。
　(1) 教育の質保証システムの要求事項を満たし、将来のニーズと期待に取り組むための、教育プログラムの改善
　(2) 不適合・不具合がもたらす望ましくない影響の修正、防止又は低減の

ための是正処置及び再発防止・予防措置
　(3) 教育の質保証システムの機能性及び有効性の改善

(教育の質保証システムの不具合への対処)
第52条　大学は、教育の質保証システムに関する不具合によって起こった結果には、その不具合によって生じる悪影響の検討に基づいて、適切に対処しなければならない。
2　不具合が再発又は他のところで発生しないようにするため、以下に掲げる活動によって、その不具合の原因を除去するための処置をとる必要性を評価しなければならない。
　(1) その不具合をレビューし、分析する。
　(2) その不具合の原因を明確にする。
　(3) 類似の不具合の有無、又はそれが発生する可能性を明確にする。
　　注　教育の質保証に関する不具合の再発防止・予防処置には、教育の質保証に対する組織的取組みの趣旨に関する共通認識の形成が不可欠である。

(学長等によるレビューと継続的改善)
第53条　大学は、教育の質保証システムの適切性、妥当性及び有効性を継続的に改善しなければならない。
2　学長等は、第50条のレビューの結果を基に、以下に掲げる事項に関する判断及び処置を決定しなければならない。
　(1) 教育の質保証システムの改善の機会の有無
　(2) 教育の質保証システムの変更の必要性
　(3) 必要な資源が確保されているかの確認
　　注　改善の機会は、自己点検及びIR活動による内部及び外部の状況の把握から見つけられる。

　　　　　　　　第9章　情報の公表

(情報の公表)
第54条　大学は、教育研究活動の状況に関し、以下に掲げる事項に関する

情報を公表しなければならない。
(1) 大学の教育研究上の目的及び大学、学部・学科等ごとの教育上の目的を踏まえた、学位授与・卒業認定の方針、教育課程編成の方針、入学者受入れの方針
(2) 教育研究上の基本組織
(3) 教員組織、教員数及び各教員が有する学位及び業績
(4) 入学者数、収容定員及び在学生数、卒業・修了者数及び進学者数・就職者数その他進学・就職等の状況
(5) 授業科目、授業の方法及び内容並びに年間の授業計画
(6) 学修の成果に係る評価及び卒業又は修了の認定にあたっての基準
(7) 校地、校舎等の施設・設備その他の学生の教育研究環境
(8) 授業料、入学料その他の大学が徴収する費用
(9) 学生の修学、進路選択及び心身の健康等に係る大学の支援
(10) そのほか、教育上の目的に応じ学生が修得すべき知識及び能力
　注　これらの事項の公表は、学校教育法及び学校教育法施行規則に定められた大学の義務である。

松岡 達郎（まつおか たつろう）

著者略歴
北海道大学大学院博士課程水産学研究科単位取得中退。水産学博士。パプアニューギニア大学理学部主任講師、水産学科長（兼任）、鹿児島大学水産学部助教授、教授、学部長（兼任）を経て現在志學館大学学長。フィリピン大学客員教授。専門は国際水産開発管理学。国連 FAO 専門委員会委員、東南アジア漁業訓練センター（SEAFDEC）リソースパーソン、中教審 WG 委員、アジア 6 ヶ国水産系大学院教育国際連携プログラム議長を歴任。国際協力事業多数に参画。国際協力機構（JICA）理事長表彰、海外漁業協力財団（OFCF）理事長感謝状、フィリピン大学ビサヤス校学長感謝状。

教育の質保証
地方大学が変わる

松 岡 達 郎

2019（令和元）年11月18日　初版発行

発行所／志學館大学出版会
〒890-8504　鹿児島県鹿児島市紫原1丁目59-1
TEL 099(812)8501(代)
http://www.shigakukan.ac.jp/

志學館大学出版会

製作・販売／南日本新聞開発センター

ⒸTatsuro Matsuoka 2019, Printed in Japan
ISBN978-4-86074-277-5

◎本書の無断複製（コピー、スキャン、デジタル化等）並びに無断複製物の譲渡及び配信は、著作権法上での例外を除き禁じられています。